Den URGAMLA VÄGEN *Återfunnen*

VAD DEN TIDIGA KYRKAN VISSTE...

M. James Jordan

©2021

The Ancient Road Rediscovered - by M. James Jordan
Published by Fatherheart Media 2014

PO Box 1039, Taupo, New Zealand 3330
www.fatherheart.net

Svensk översättning: Liv Schiötz Erichsen

ISBN: 978-0-9951299-4-8

Alla rättigheter reserverade. Inga delar av denna bok kan reproduceras, lagras digitalt eller återges på något annat sätt, exempelvis i elektronisk form, fotokopiering eller vid ljudinspelning utan tidigare skriftligt samtycke av utgivaren, med undantag för korta citat i tryckta bokrecensioner.

Där inget annat sägs är alla bibelcitat hämtade från Svenska Folkbibeln 2015. Bibelöversättningarna som används i originalutgåvan är New King James Version eller NIV New International Version.

För andra böcker, e-böcker, CD, DVD eller MP3, gå till www.fatherheart.net/store Vi tar gärna emot beställningar via nätet och skickar via posten.

*Tillägnad den internationella
Fatherheart Ministries-familjen*

INNEHÅLL

Författarens tack   9

Den urgamla vägen   11

DEL ETT

1. De två träden   22
2. Att öppna hjärtats ögon   49
3. Den tredje lagen   69

DEL TVÅ

4. Från föräldralöshet till sonskap   100
5. Sann kristen karaktär   121
6. Att övervinna världen - striden om våra känslor   147
7. Att leva i kärleken   165

En inbjudan...   189

Fatherheart media   191

Författarens tack

Denna bok har kommit till genom resultatet av att under många år söka Herrens hjälp och svar i kamper min hustru Denise och jag genomgått tillsammans. Det är oftast det desperata hjärtat som ropar högst till Gud. Det mesta som skrivits här har jag fått som direkt uppenbarelse. Kapitlet om de två träden fick Denise först och vi har kommit överens om att inkludera det här, utifrån hur jag ser på och undervisar om det.

Mitt tack riktar sig först och främst till Denise som älskat mig över allt förnuft och haft sådant tålamod med mig under de mer än fyrtio år som vi har vandrat tillsammans och lärt oss dessa saker.

Jag vill också tacka Stephen Hill speciellt, för alla de många timmar då han sökt efter inspelade predikningar och samlat in huvudpunkterna och gjort dem till begriplig text. Hans skicklighet och förmåga att fokusera gör mig förundrad.

Jag är tacksam till Alice Adams och Tom Carroll som har gett av sina förmågor och villiga hjärtan. Alice för hennes redigering och språkgranskning och Tom för hans arbete med design och presentation - tack.

Jag vill också tacka den större familjen av Fatherheart Ministries runt jorden med vilka jag levt i olika grad av gemenskap under de senaste sjutton åren. I stillheten av detta familjeliv har jag funnit tillräckligt med kärlek och vila för att kunna "se" saker som jag annars inte kunnat se.

Jag är tacksam till alla dem som haft någon del i mitt liv genom åren. Mitt liv är inte bara en produkt av vad den Helige Ande gjort i mig utan också produkten av dem som vandrat med mig. Även dem som ibland verkat vara emot mig har del av vem jag är idag. Allt har samverkat till det bästa för mig och jag är tacksam för alla de vägar jag blivit betjänad av Kristi kropp.

Uppmuntran till att få samlat materialet i bokform har kommit från så många människor på olika platser runt jorden. Det är omöjligt att tacka dem alla vid namn.

Mitt hopp är att allas ansträngningarna för att sammanställa denna bok ska glädja vår himmelske Far och bli till en välsignelse för dem som tar tid att läsa den. Jag överlämnar den till alla ni kära bröder och systrar i Kristi kropp.

M. James Jordan

Den urgamla vägen

För några år sedan hade jag en vision av en riddare på en vit häst som kom dansande genom en djup, urgammal skog. Under den visionen som beskrivs i detalj i boken *Sonskap,* blev det plötsligt klart för mig att jag stod på en urgammal väg. Där den slingrade sig genom skogen var den nästan osynlig, mer eller mindre övervuxen av gräs och ogräs, men det var den väg på vilken den Helige Ande (representerad av den vita hästen) ofta färdades dansande fram. Otroligt nog så *användes vägen sällan* av någon annan än den vita hästen.

Vad är den urgamla vägen och var kommer den från? Lika viktig är frågan vart den tar vägen. Mot vilken destination?

Jag funderar på om det evangelium som de flesta av oss utsatts för faktiskt är, med Paulus ord i Galaterbrevet 1:6 "ett annat evangelium." Mycket av det jag har hört är inte goda nyheter. Tusentals har slutat gå i kyrkan då de inte längre finner någon glädje där. Vad händer? Vad har gått fel? Jag tror att vi har haft en form av kristendom som utger sig för att vara goda nyheter men inte är det. Vi har blivit så indoktrinerade att även när vi bränner ut oss i tjänst för Herren, säger vi ändå att det är "de goda nyheterna". Detta är orimligt. Det stämmer bara inte.

Många kristna har upptäckt att denna form av evangeliet har

Den urgamla vägen

drivit dem till en strävande, svettig andlighet som bara leder till utbrändhet och drivs av förpliktelse, skyldighet, skuld och fördömelse. Det finns till och med en så kallad "kristen" undervisning för hur man ska undvika utbrändhet. Hur tokigt är inte det! Som om utbrändhet ska förväntas vara en del av kristet liv. Låt mig vara mycket tydlig: om du håller på att bli utbränd är du på totalt fel väg. Det finns ingen fin linje mellan att tjäna Herren och utbrändhet. Det är en avgrund mellan dem! Utbränd blir man genom att arbeta i köttet - det finns inga argument runt det! Du *kan inte* bränna ut dig om du vandrar och arbetar i Anden. Jesus sa att hans ok och börda är lätt!

Jag tror inte att det finns någon frihet, glädje eller vila förutom i Faderns kärlek. Vi har levt en kristendom som är handikappad på grund av bristen på uppenbarelse om Fadern. För att uttrycka det enkelt har vi levt en kristendom som baseras på två uppenbarelser: uppenbarelsen om att Jesus är Frälsare och Herre och uppenbarelsen om att den Helige Ande har tagit sin boning i oss. Det är som att försöka balansera på en pall med två ben. För att säga det på ett annat sätt så är själva grunden för vår kristna tro ofullständig. Något livsavgörande saknas. Ända tills nu har vi bara haft en begreppsmässig förståelse istället för en uppenbarelse av Fadern. Dessutom har vi haft en *bristfällig* förståelse av vem Fadern är.

När den Helige Ande föll över Toronto 1994 proklamerades en ny dag i Anden. Det kom en ny öppenhet för uppenbarelsen om Fadern. Innan 1994 när jag predikade om Fadern, vilket jag har gjort sedan 1979, var det som att kratta vatten uppför en backe. Det tog inte tag i människors hjärtan. Med undantag för Ungdom Med Uppgift, som bjöd in Jack Winter att betjäna i full frihet, var det min uppfattning att uppenbarelsen om Fadern hade liten eller ingen effekt. Men när den Helige Ande föll över Toronto förändrades allt över en natt. Det kom en andlig klimatförändring i atmosfären runt jorden. De som hade blivit berörda av vad som hände i Toronto blev plötsligt öppna och hungriga för att ta emot budskapet om Faderns kärlek. Den förändringen var väldigt tydlig för mig, då jag var en av de få som hade predikat om och vandrat i erfarenheten av att känna Faderns kärlek. En milstolpe inträffade i kyrkohistorien.

Sedan dess har tjugo år gått och det har varit fantastiskt att bevittna hur Gud uppenbarar sig själv som far över hela jorden. Denna uppenbarelse har nått varje samfund och strömning inom Kristi kropp och vi hör vittnesbörd om hur det når utanför kyrkan, in i hjärtan på individer från alla samhällsskikt. Det är klart att inte alla som berördes i Toronto förstod vidden och innebörden av det. Det var många människor som endast fokuserade på de synliga effekterna av Guds närvaro i mötena.

Men jag tror att när vi ser tillbaka på 1994 kommer vi att se att det var det år som uppenbarelsen om Fadern åter etablerades i församlingen. Året 1994 var början på en ny och signifikant era i kyrkohistorien. Där kom ett mäktigt utflöde av Guds kraft som var underbar. Men en utgjutelse av Anden *utan* uppenbarelse av Ordet kommer oundvikligen att falla isär och till slut upphöra. Anden och Ordet måste gå tillsammans för att bygga församlingen. Det har följt en uppenbarelse av Ordet i kölvattnet av utgjutandet av Anden i Toronto. Andens flod är också en flod av uppenbarelse av Ordet. Personligen känns det som om jag stått i en flod av uppenbarelse de sista tjugo åren. Uppenbarelsen av Ordet kommer alltmer på ett nytt sätt. Gravitationens centrum i kristenheten som vi känner till den, har flyttats. Den urgamla vägen som Jesus och apostlarna vandrade på återupptäcks.

Det börjar bli väldigt tydligt att den kristendom som ligger framför oss är annorlunda än den som ligger bakom. Det vi går in i har en annan karaktär än vad vi tidigare har känt till. När det började gå upp för mig insåg jag hur otroligt stort det var när Jack Winter fick sin begynnande och banbrytande uppenbarelse - att Faderns kärlek är en substans som kan bli överförd. Utifrån denna skiljelinje har allt i denna uppenbarelse kommit. Det förde oss från den karismatiska eran till en ny. Vi tog ett enormt kliv från eran med kraft och gåvor av den Helige Ande - till att kärleken från Fadern är något som kan upplevas. Det var ett enormt steg att gå från en *föreställning* att Gud älskar dig till att *erfara* att *älskas* av honom. Det var inte endast ett teologiskt paradigmskifte; det var ett steg bortom tidigare kristen erfarenhet. Jag tror att denna banbrytande uppenbarelse har varit en katalysator för en ny tid inom kristendomen.

Nu när vi börjar uppleva Fadern ser vi Fadern på varje sida i Bibeln. Hela Bibeln är som en ny bok. När vi tar emot uppenbarelse kommer ett nytt ljus över hela teologin. Många "heliga kor" som vi hållit fast vid hårt blir exponerade i ljuset av den nya uppenbarelsen. För ett tag sedan sa en man till mig efter ett möte: "James, du har just kört en plog genom min teologi!" Jag tänkte att det var en skälig kommentar eftersom jag plöjt genom *min* teologi också.

Uppenbarelsen om Fadern ändrar radikalt vår upplevelse och förståelse av kristen tro. Det innebär inte att vi kommer med något nytt, då den finns genom hela Skriften. Hela Bibeln är fylld av den och när du väcks ser du den överallt. Det krävs därefter mod att växa in i och hålla fast vid den, även om du måste gå ensam när dem du har gemenskap med inte förstår. Jag säger alltid till dem som tar emot uppenbarelsen att inte ha för bråttom att dela den med andra. Det är bättre att växa in i den tills den börjar spilla över från dig till andra. När du växer in i och njuter av den själv, kommer tiden när människor runt dig börjar märka en förändring i dig. När de då frågar dig kan du berätta, men inte förrän dess! Känn ingen press att övertyga människor om de inte lyssnar. Om de inte hör dig, beror det på att de inte *kan* höra. Du kan inte forcera uppenbarelse på någon annan. Kunskap kan tvingas på men uppenbarelse tar man till sig, eller inte. Antingen tar en person emot uppenbarelse eller inte, så enkelt är det.

När vi har börjat uppleva Faderns kärlek, börjar vårt perspektiv och vår syn på saker förändras. Ett exempel är att hjärtats centrala betydelse blir grundläggande och viktig. När du inte upplever kärlek, äger du så gott som bara kunskap i sinnet. Men kärlek kan bara upplevas *i hjärtat*. Ditt hjärta måste vara öppet för att kunna ta emot kärlek. Du kan höra ny undervisning *om* kärlek men du måste få en upplevelse av kärlek i ditt hjärta för att ta emot *verkligheten* av den kärleken. När vi börjar uppleva hans kärlek mer och mer, blir det mer fokus på våra hjärtan. Vårt hjärtas tillstånd kommer under förstoringsglasets lins och vi börjar inse hur viktigt vårt hjärta verkligen är.

Ett resultat av detta är att vi finner att många saker som handlar om hur vi uppfattar kristendomen förändras dramatiskt. Detta är svårigheten med det. Det är inte bara att hjärtat är viktigt. Verkligheten är att ditt hjärta är *livsviktigt*, då det är ditt hjärta som förändras. Kunskap hör till sinnet men förståelse är en fråga för hjärtat. Många verser i Ordspråksboken talar om detta. Låt mig ge dig några råd. Om du läser något i Skriften och inte förstår det, fråga då dig själv om det är något i ditt hjärta som hindrar dig från att förstå. Du behöver ställa dig den frågan eftersom insikt sker i hjärtat. Ordspråksboken 14:6 säger tydligt, "...för den som förstår kommer kunskapen lätt". Skriften talar ständigt om för oss att söka insikt därför att när du förstår på hjärtnivå kommer du att se kunskap klart.

I vår relation med Gud relaterar vi hjärta till hjärta med honom. Han ser inte till vårt yttre utan han ser till hjärtat. Han är själv en person med hjärta. Följ detta till sin logiska slutsats: om han ser ditt hjärta och att du gör något för honom som inte kommer ur hjärtat, lägger han inte ens märke till det. Vi gör så många saker för Gud av ren rutin. Vi kan be bordsbön före en måltid till exempel, men många gånger kommer det inte från ett tacksamt hjärta. Jag säger inte att du inte ska be bordsbön men om du gör det, låt det vara ett sant uttryck från ditt hjärta. Om du gör saker för Gud som inte är ett uttryck från ditt hjärta så är det bara religiöst. Om du önskar vara en gudsman eller gudskvinna måste du leva utifrån ditt hjärta gentemot honom. Självklart måste du använda ditt sinne för många saker i livet men när det gäller Gud, handlar det om hjärtat.

I Kristi kropp har vi strävat efter att förstå många saker som ligger utanför vår sfär av uppenbarelse. Ett av våra mänskliga problem är att vi verkar ha en inbyggd tendens att vilja ha kontroll. Vi vill kunna bemästra begrepp, vare sig det gäller matematik, golf, att köra snabba bilar eller till och med att utforska rymden. Det finns något i oss som vill bemästra livet och vara duktiga på det. Men i Guds rike handlar det mer om mysterium än om att bli en mästare på något. Vi måste inse det faktum att det alltid finns det som är dolt. Vårt problem är att vi vill bemästra kristendomen också. Vi vill styra hur den helige Ande rör sig. Vi vill kunna styra och kontrollera vad som händer och när, men vi kan inte göra oss till herre över Gud. Det stora äventyret i kristen tro är att vi kommer att fortsätta att upptäcka saker om honom genom hela evigheten. Vi kommer att fortsätta utforska mysteriet om vem Han är på allt högre nivåer medan Han uppenbarar mer och mer av sig själv genom evigheten.

En sak vi vet om Gud är att han är kärlek. Vi kommer in i den uppenbarelsen mer och mer, men det finns ändå mer i Skriften än det vi har uppenbarelse om. Bibeln kan inte förstås genom att bara studeras på ett intellektuellt plan. Det är en uppenbarelse av Gud och hans handlande med mänskligheten och kan endast förstås när han låter ljuset skina på den, när han uppenbarar sig själv i och genom den. Jag tror att det finns mycket mer i Bibeln som väntar på att komma fram, därför att Guds ord är och varar för evigt. Du kan läsa Ordet och forma åsikter om det. En sak kan jag säga dig och det är att du kommer att tröttna på människors åsikter om Ordet. Det finns många argument som grundas på människors åsikter men där uppenbarelse finns, beror det inte längre på åsikter eller diskussioner utan på sanning! När du tar emot uppenbarelse, äger du kunskap på en mycket djupare nivå än bara åsikter. Du har då både erfarenhet och information.

Vi har en Bibel i vår hand som vi har en *viss* mängd uppenbarelse över. Men det innebär att det finns mycket mer som vi *inte* har någon uppenbarelse över. Det som då sker är att vi försöker få ihop en logisk förståelse av det vi saknar uppenbarelse över. Vi formar doktriner ut ur vårt flöde av uppenbarad sanning och vi försöker fylla hålen då vi vill kunna bemästra Bibeln. Så mycket av vår nedärvda teologi är inte baserad på uppenbarelse utan på åsikter. Det är ett ensidigt tänkande om vissa frågor. Detta är största orsaken till varför det finns doktrinella skillnader inom Kristi kropp.

Jag kom till en punkt i mitt liv där jag var trött på människors åsikter om hur man skulle förstå Skriften. Jag var lika trött på *mina egna* åsikter. Jag insåg att Bibeln inte skulle studeras som en manual för kristet liv och tillväxt. Bibeln är en plats att möta Gud. Du läser Bibeln för att vidröra Gud, inte för att forma åsikter om vad det innebär. Precis som bön är den plats där Gud kan tala till dig. Det finns människor vars roll är att studera Bibelns originalspråk för att ordens mening ska vara klara och tydliga för oss, men det är en specifik kallelse. Det är inte basen för en troendes vandring i tro.

Gud ger uppenbarelse om saker som vi tidigare inte haft uppenbarelse om. När det händer blir många av våra tidigare åsikter bortblåsta. Vi inser plötsligt att de åsikter vi tidigare haft inom specifika områden är felaktiga. Problemet är att vi kan vara känslomässigt fästa vid våra åsikter och därför ha svårt att släppa taget om dem. Som pastor har du kanske predikat en åsikt i åratal, men nu ger Gud dig uppenbarelse om vad det *egentligen* betyder. Då måste du välja att förkasta åratals av predikningar och undervisning. Min teologi var snyggt paketerad i en låda med fina band om och nu har uppenbarelsen förintat den! Ny uppenbarelse för dig tillbaka till att vara som ett barn igen. Det tvingar dig att börja om från början i din förståelse. Det kan vara både svårt och ödmjukande för dem som likt predikanter och lärare har investerat något i och har ett personligt rykte som baserats på dessa åsikter.

Uppenbarelsen om Faderns kärlek växer och blåser bort mycket av det som vi tidigare var övertygade om var rätt. Men när vi möter Herren kommer alla våra frågor att besvaras. Uppenbarelsen om honom, hans sanna natur, kommer att besvara varje kvarvarande fråga. Kristendomen är enbart baserad på uppenbarelsen om vem Gud verkligen är. Att läsa ord *om* honom är inte vad kristendom är. Uppenbarelse kommer från ande till ande. När himmelens dörrar öppnas ser Petrus (Matt.16:16) den absoluta sanningen om Jesus och utbrister: "du är Messias, den levande Gudens Son". Kyrkans grundsten är uppenbarelsen om vem Gud är. När Kristi kropp börjar vandra i uppenbarelsen om vem Gud verkligen är, finner vi återigen den urgamla vägen som den helige Ande färdas över.

Denna bok är väldigt olik min första bok. Denna bok är skriven som ett profetiskt budskap till Kristi kropp. Det profetiska är korrigerande i sin karaktär. Det river ned det som är felaktigt och återetablerar det sanna. Mycket av det evangelium som har undervisats har stulit glädjen, gjort kristna kraftlösa och har varit grund för att lagiskhet ska växa. Det är inte bättre än en slags gammaltestamentlig fromhet som bara till namnet är kristet. Det har blivit väldigt tydligt för mig att hela förståelsen av vad kristendom är måste förändras, för att vi kan få tillbaka det som Jesus dog för, för vår skull.

Jag har skrivit denna bok speciellt för dem som kommer att kommunicera evangeliet i framtiden. Jag hoppas och tror att vi ska få se det genuina evangeliet förkunnas. Ett evangelium som sätter fångarna fria, som ger syn till de blinda, som öppnar fängelsedörrar och som verkligen proklamerar Guds favör.

Denna bok är indelad i två huvudavdelningar. Den första delen visar vad evangeliet verkligen innebär. Den visar på några av de stora paradigmskiften som den Helige Ande har öppnat upp och ger ett nytt, inspirerande perspektiv av vad kristendom egentligen är menat att vara. Den andra delen av boken ser på hur annorlunda den kristna vandringen blir med detta perspektiv. Om du kommer in i den uppenbarelsen och erfarenheten av evangeliet, kommer frukten av detta vara mycket olik den frukt som det religiösa evangeliet har producerat.

Denna bok är skriven från mitt hjärta, utifrån mina egna misstag och otillräcklighet, men också utifrån den underbara vilan och glädjen i att lära känna Faderns kärlek!

DEL ETT

KAPITEL ETT

De två träden

~

I sitt brev till Galaterna, efter att ha öppnat med sina sedvanliga hälsningar, går aposteln Paulus rakt in på anledningen till varför han skriver. Utan att försöka mildra något, skriver han följande ord:

> *"Jag är förvånad att ni så fort överger honom som har kallat er genom Kristi nåd och vänder er till ett annat evangelium, fast det inte finns något annat. Det är bara några som skapar förvirring bland er och vill förvränga Kristi evangelium."* – GALATERBREVET 1:6-7

Paulus gör ett anmärkningsvärt uttalande här. Han talar till dem som hade blivit kristna när han predikade. Han hade befäst dem i deras tro och därefter lämnat dem för att resa vidare. Efter att han hade rest, kom andra lärare till dem som hade ett starkt inflytande över dem. När Paulus hörde vad som hade hänt på grund av denna undervisning, kände han sig tvungen att skriva detta brev. Han är förvånad över att de hade lagt bort vad han hade lärt dem och blivit korrumperade av andra lärare. Galaterna trodde att det de hade hört var evangelium, men det är *inte* evangelium. De hade helt enkelt blivit vilseledda.

Brevet som Paulus skrev måste ha varit svårt att ta emot för dessa unga troende. De hade bara känt Paulus en kort period och de gjorde så gott de kunde i sin nya tro. De hade tagit emot dessa andra predikanter som verkade vara goda och genuina människor. Jag är säker på att allt dessa lärare sa lät gott och rätt och de stannade längre än Paulus hade gjort. De välkomnades av församlingen i Galatien. Ingen kunde ha misstänkt dem för att ha annat än rena avsikter med vad de undervisade och gjorde.

Men nu kontaktas de igen av Paulus som kommer med ett hårt slag: "Ni har blivit vilseledda av dessa lärare som ni har lyssnat till". Lägg märke till att Paulus inte ifrågasätter uppriktigheten hos de troende i Galatien. Han anklagar dem inte för synd eller uppror. De försökte göra det rätta. De försökte inte förvanska evangeliet. De önskade att växa i tron genom att lyssna till god undervisning. Men Paulus insisterar: "Dessa lärare har fört er vilse. De har *förhäxat* er".

Frågan jag ställer er är denna:

> *"Är det möjligt att samma sak kan hända oss? Tror du att det kan vara möjligt att den goda undervisning vi har lyssnat till har lett oss till ett evangelium som Paulus skulle kalla ett "annat" evangelium"?*

Ordet "evangelium" betyder goda nyheter. Jag ser att mycket av det som presenterats för mig som kristen genom åren inte har visat sig vara goda nyheter för mig. Denise och jag gav våra liv till Herren 1972. Vi blev fyllda av den Helige Ande och försökte göra det rätta under många år och tjänade med all vår kraft. Vi längtade efter att vara allt som en kristen skulle vara. Men 1988 gick vi in i väggen och blev utbrända. Vi var känslomässigt, andligt och fysiskt totalt utmattade. Denise och jag har alltid helhjärtat gjort allt tillsammans och vi blev också utbrända tillsammans. Och jag kan berätta för dig att bränna ut sig i Herrens tjänst är inte så häftigt som det låter. Under tre hela månader strömmade tårarna nerför våra kinder. Vi visste inte varför vi grät. Vi var helt slut! Vi kände att vi hade svikit Gud. All vår ansträngning att leva det kristna livet hade till slut fört oss ned i den djupaste och mörkaste avgrund. Det tog oss många år att komma tillbaka.

Det blev en chock för mig att se tillbaka på min kristna upplevelse och inse att det hade funnits väldigt lite glädje. Förutom den genuina upplevelsen av att bli född på nytt, döpt i vatten och döpt i den Helige Ande, hade Denise och jag tagit till oss en form av kristendom som i slutändan inte var goda nyheter. Den var helt tom på djup och äkta glädje! Att inse att jag inte hade gjort något som jag verkligen njutit av efter att jag blivit kristen slog ner som en blixt. Jag hade varit kristen i arton år då och hade inte gjort något bara för nöjes skull, eller för att det var roligt, under hela den tiden. Det hade varit ett liv med stark disciplin, ivrig entusiasm, offer och hårt arbete! Jag insåg att vi hade levt motsatsen till de goda nyheterna. Jag är säker på att många, många kristna kan identifiera sig med min beskrivning av samma "evangelium" som vi trodde på och levde.

Två träd i lustgården

Vad är då detta falska evangelium som har bedragit oss? För att besvara den frågan måste vi gå tillbaka till begynnelsen. Mycket av den uppenbarelse som Herren gett oss i våra liv och tjänst, går tillbaka till begynnelsen, tillbaka till Edens lustgård. När vi långsamt kom ut ur vår utbrändhet, började Denise och jag misstänka att något var väldigt fel med hur vi och många andra troende levde. Ett massivt trovärdighetsgap existerade mellan vad Bibeln beskrev som "goda nyheter" och den realitet som många kristna genom århundraden hade levt i. Vi började se något som vi inte riktigt kunde hitta de rätta orden fört. Senare, för några år sedan, satt Denise och läste de första kapitlen i 1 Mosebok och plötsligt såg hon något som radikalt har förändrat hur vi ser på livet och tjänsten. Det hon såg har varit ett paradigmskifte och det har fört oss in i en frihet, en frihet som vi ibland knappt kan tro är möjlig.

För att utforska detta, låt oss börja i 1 Mosebok 2:8-15:

> "HERREN Gud planterade en lustgård i Eden, österut, och satte där människan som han hade format. Och HERREN Gud lät alla slags träd växa upp ur marken, ljuvliga att se på och goda att äta av. Mitt i lustgården satte han livets träd och trädet med kunskap om gott och ont.... HERREN Gud tog mannen och satte honom i Edens lustgård för att odla och bevara den. Och HERREN Gud gav mannen denna befallning: "Du kan äta fritt av alla träd i lustgården, men av trädet med kunskap om gott och ont ska du inte äta, för den dag du äter av det ska du döden dö."

Därefter läser vi i öppningsverserna i 1 Mosebok 3:

> "Men ormen var listigare än alla markens djur som HERREN Gud hade gjort. Han sa till kvinnan: "Har Gud verkligen sagt att ni inte får äta av alla träd i lustgården?" Kvinnan svarade ormen: "Vi får äta av frukten från träden i lustgården, men om frukten på trädet mitt i lustgården har Gud sagt: "Ät inte av den och rör inte vid den, för då kommer ni att dö."
>
> "Då sade ormen till kvinnan: "Ni ska visst inte dö! Men

Kapitel ett

*Gud vet att den dag ni äter av den kommer **era ögon att öppnas**, och ni blir som Gud med kunskap om gott och ont."*

*"Och kvinnan såg att trädet var gott att äta av och en fröjd för ögat. Trädet var lockande eftersom det gav förstånd, och hon tog av frukten och åt. Hon gav också till sin man som var med henne, och han åt. **Då öppnades ögonen på dem båda**, och de märkte att de var nakna. Och de fäste ihop fikonlöv och gjorde sig höftskynken."*

Nyckelfrågan som Denise slogs av var denna: När Skriften talar om att "deras ögon öppnades" - Vilka ögon var det?

VILKA ÖGON ÖPPNADES?

Såklart var mannens och kvinnans fysiska ögon redan öppna i lustgården. De hade skapats fullt fysiskt utrustade. Så när Skriften säger att deras ögon öppnades när de åt frukten från trädet kommer frågan - *Vilka ögon öppnades?*

Det tog ganska lång tid för Herren att uppenbara svaret på den frågan. Ibland väntar Herren med att ge oss svaren på våra frågor därför att vi behöver gå igenom en process för att ta oss till en plats där vi kan ta emot svaret han vill ge oss. Så var det med denna fråga. När Herren väl svarade kom det plötsligt och oväntat, så som det ofta gör. Han sa mycket tydligt: *"De ögon som öppnades var sinnets ögon för att förstå begreppet om gott och ont".*

Detta var de ögon som öppnades! Innan dess hade dessa ögon inte varit öppna. När mannen och kvinnan åt av frukten från trädet med kunskap om gott och ont, började de se saker på ett helt annat

De två träden

sätt och fick en helt annan förståelse. Detta annorlunda sätt att se och förstå hade aldrig aktiverats tidigare, men öppnades nu upp för dem när de åt av frukten. Innan dess såg de med hjärtats ögon, de ögon som såg kärlek, acceptans, glädje och frihet. Nu började dessa ögon stängas och sluta fungera. De hade de inte längre någon andens och hjärtats gemenskap med Fadern.

När väl ögonen till kunskapen om gott och ont hade öppnats, började hjärtats ögon att förblindas. Livets träd blev suddigt och frågor om gott och ont, rätt och fel, heligt och oheligt kom i fokus. Som vi vet från stycket i 1:a Mosebok blev mannen och kvinnan utvisade ur lustgården, därför att från och med det tillfället fanns det inget sätt för dem att kommunicera och ha gemenskap med Fadern. Satan hade lyckats med att locka bort dem från enkelheten i deras relation med Gud, in i komplexiteten av sinnets förmåga att förstå rätt och fel, vad som är gott och vad som är ont, heligt och oheligt.

När vi ser på Paulus predikan i det nya förbundet, ser vi att det fokuserar på att vända på detta. I Efesierbrevet 1:18 ber Paulus att "hjärtats ögon" ska öppnas eller "upplysas". Han ber att det hjärta som varit stängt genom kunskapen om gott och ont, ska bli upplyst och börja se igen. Paulus kopplar ihop detta när han ber att vishetens och uppenbarelsens ande ska ge oss förmåga att innerligt och förtroligt erfara Gud. Vishet och uppenbarelse kommer från livets träd. När hjärtats ögon är öppnade, öppnas de för vishet och uppenbarelse. Gud kan bara bli känd genom den vishet och uppenbarelse som kommer från Honom.

Låt mig understryka att detta är den avgörande punkten. När mannens och kvinnans ögon öppnades i lustgården, blev de ögon som kunde ta del av livets träd dimmiga. Hjärtats ögon förblindades.

Kapitel ett

Våra ursprungliga anfäder utvisades ur lustgården så att de inte längre kunde ta del av livets träd. Gud önskade att beskydda dem från den ofattbara fasan av att kunna äta från *båda* träden som fanns mitt i lustgården. Annars, om de ätit av livets träd, skulle de aldrig ha dött utan för alltid varit snärjda till att äta av frukten från trädet med kunskap om gott och ont. Som en konsekvens utlämnades hela mänskligheten till äta från kunskapens träd.

ATT FÖRLORA ENHETEN MED GUD

När mannen och hans hustru åt av trädet med kunskap om gott och ont skedde något stort i dem. I samma ögonblick som deras ögon öppnades, insåg de sin nakenhet och sydde ihop fikonlöv för att skyla sig med. De visste redan att de var nakna men det hade inte varit ett problem för dem förrän de åt av trädets frukt. Det hade aldrig gått upp för dem att det kunde vara något fel med dem. Men när de åt från trädet, så insåg de plötsligt att något var galet! Deras första tanke var att de var skadade på något sätt, att något var fel med dem. De blev omedelbart medvetna om rätt och fel, något som de tidigare inte hade varit. De agerade genast för att rätta till det och sig själva. Att korrigera något som var fel var också en helt ny tanke för dem.

En dag när jag tänkte på detta såg jag en bild i min fantasi som förklarade vad som hände mannen och kvinnan i lustgården. Jag får be dig använda din fantasi för att följa mitt tankespår fullt ut.

Tänk dig, för min illustrations skull, att mannen och kvinnan i lustgården (innan de åt av trädet) var fysiskt gröna. Nu lånar jag lite från C.S.Lewis bok *Perelandra,* där han utvecklar en person som kallas "den gröna damen" - jag har åtminstone Lewis auktoritet för mitt imaginära scenario! *Perelandra* är en allegorisk berättelse

De två träden

som anspelar på hur Adam och Eva var i lustgården före fallet. Den kvinna i Lewis berättelse som han kallar "den gröna damen," kan ses som en form av Eva innan hon åt av frukten från trädet med kunskap om gott och ont.

Tänk dig att Adam och Eva i lustgården var gröna. Färgen på deras hud var grön. Grönt består av två andra färger: gult och blått. Om du blandar gul och blå färg får du grön. Om du tänker dig att gult representerar jorden och blått himlen, då blir Adam och Eva en blandning av himmel och jord. Kombinationen av det "himmelska blå", Guds person, och den "gula" leran i deras mänsklighet, resulterade i det gröna - ett mänskligt liv fyllt med Gud. Detta var Guds intention med dem. Gud utgöt sin bild in i leran och de blandades samman. Adam och Eva var skapade från jorden men var helt i förening med Gud själv.

Men i samma ögonblick som de åt från kunskapens träd bröts föreningen med Gud i deras hjärtan, för de visste att de hade gjort vad han sa att de inte skulle göra. Från deras ståndpunkt, inte Guds, blir det nu en separation. Tänk dig att det "blå" av Guds natur dras bort och snabbt börjar blekna. Nu förvandlas de från "grönt" till "gult" - tillbaka till den mänskliga naturen utan inslag av Guds personlighet. De inser med fasa att de är nakna och springer och döljer sig med fikonlöv.

Fikonlöv är gröna. När de skyler sig med fikonlöv försöker de att omskapa sig själva till dem de tidigare var. När de var i förening med Gud och allt var gott, var de "gröna", därför var fikonlöven ett sätt att återställa den "grönskan" till sig själva. Jag tror att detta har märkt mänskligheten genom årtusenden av mänsklig historia. Människor har försökt iklä sig fikonlöv, dolt sig själva med jordiska och världsliga saker, för att dölja det faktum att de är nakna och utan Gud. De försöker göra sig själva acceptabla igen.

Ingenting utom Guds egen natur kan göra oss tillräckligt "gröna" rakt igenom. Fikonlöven ger bara ett ytligt lager av grönska. Ta bort dem och den fallna människan blir tydlig. Adam och Eva har ett ögonblick när de går emot den Gud som älskar dem - och de vet om det. De gjorde den enda sak han tydligt förbjudit dem att göra och plötsligt är något fel. De har just ätit från trädet med kunskap om vad som är rätt och fel. De är nu uppslukade av vad som är acceptabelt eller oacceptabelt. Hjärtats ögon har stängts och dessa andra ögon har öppnats. De ögon som kunde uppfatta kärlek och acceptans sluter sig och sinnets ögon öppnas. Sinnet är användbart på sin rätta plats - men det kan inte se Gud. Ditt sinne kan bara fundera ut ett sätt att göra det som är rätt eller fel. Det kan bara försöka finna fikonlöven, men det kan inte stå i relation till kärlek eller njuta av närhet.

GRUNDEN FÖR LAGISKHET

Det var en chock för oss att inse att problemet inte bara är kunskapen om det som är ont. Det verkar självklart. Det förbjudna trädet är *också* trädet med kunskap om det som är *gott*. Detta är något helt annat. Faktum är att det blir farligt därför att frågan infinner sig: hur kan vi verkligen veta vilket träd vi lever utifrån? Det är inte bara en fråga om gott kontra ont och att det är rätt att välja det goda. Nej! Det träd som var förbjudet, var trädet med kunskap om både *gott* och ont. Det låter så rätt att vi ska fokusera på att urskilja och göra det goda, likväl som att urskilja och avstå från att göra det onda. Men sanningen är att *hela processen* av att urskilja vad som är gott och ont, är att äta från fel träd och att använda ögonen som öppnades till Satans träd.

De två träden

Hur kan vi särskilja om vi lever utifrån kunskapens träd på gott och ont eller om vi lever utifrån livets träd? Du förstår, kunskapens träd producerar frukt som vi tror är god. Allt är inte bara uppenbart ont, det är det som gör det så bedrägligt. Alla träd bär frukt och det kommer speciell frukt av dessa två träd. Genom att veta vilka dessa frukter är, kan du avgöra från vilket träd du lever. Så vilka är då dessa frukter? Låt oss först se på kunskapens träd på gott och ont.

Att leva utifrån kunskap om gott och ont är grunden för lagiskhet. Här bestämmer vi själva. Här gör vi val utifrån våra egna värderingar och försöker utröna vad som är rätt eller fel, vad som är gott eller ont. Det är där det mänskliga sinnet konstant utvärderar allt på grundval av en fråga - är det rätt eller är det fel?

Vi blir som poliser som ständigt kontrollerar vad som är gott eller ont och säger saker som: "Jag är bra på det här men dålig på det där". Det blir antingen självfördömelse eller självrättfärdighet. Frukten av detta träd gör att vi dömer andra människor, den personen är god och den där borta är dålig. Vi binder oss själva i ett konstant dilemma genom att försöka fundera ut det moraliska värdet av varje handling. Vi ser på andra, bedömer deras handlingar och ord för att se om de är bra eller dåliga. När vi gör detta lever vi utifrån kunskapens träd på gott och ont.

Jag tror att syftet med Faderns kärlek är att föra oss bort från det trädet. Hans kärlek fyller och friar oss från att behöva leva genom denna ständiga bedömningsprocess. Att ständigt bedöma vad som är rätt och fel innebär att vi är fångade i en snara som resulterar i det Paulus kallar för "inget evangelium alls" Galaterbrevet 1:7 (NIV). Man kan parafrasera hans ord till galaterna så här:

"Hur kunde ni någonsin tro att detta skulle kunna

fungera? Gud har gett oss sin Ande att leva utifrån - och nu efter att ni fått Andens frihet - vänder ni om och går tillbaka till att leva av lagen. Lagen handlar alltid om rätt och fel, om gott och ont. Ni började i Anden men försöker nu sluta i köttet"!

Köttet älskar detta! Köttet älskar lagen! Köttet gläder sig i kunskapen om gott och ont. För köttet är friheten mycket svår. Att leva utifrån trädet med kunskap om gott och ont är att vara bunden i lagiskhet. Det är grunden för fruktan, och all vår strävan. Vi undrar alltid om vi gjort tillräckligt. Hur kan vi ens veta om vi gjort nog eller inte. Fruktan för att göra misstag kommer från trädet med kunskap om gott och ont. Vi fruktar att vi inte räcker till. Vi fruktar att det vi har gjort inte är bra nog, att vi inte håller måttet. Vi fruktar att vi inte kommer att lyckas. Vi dömer oss själva och mäter oss själva utifrån lagens måttstock för att kunna avgöra om vi är lyckade eller misslyckade. Även i vårt vardagsliv berörs vi av detta. Ett exempel är på vår arbetsplats där vi konstant bedöms om vårt arbete är bra nog eller inte. Mycket av vår ambition och strävan kommer utifrån detta. Vi drivs till att vara "bra nog", vara "rätt", och vara "excellent".

VAR HAR KUNSKAPENS TRÄD SITT URSPRUNG?

Det är avgörande att veta var trädet med kunskap om gott och ont har sitt ursprung. I motsats till vad många tror har trädet med kunskap om gott och ont och livets träd *inte* sin början i Edens lustgård. 1 Mosebok säger inte att Gud *planterade* dessa två träd i lustgården. I kapitel 2:8-9 antyds det att de två träden inte planterades av Gud på samma sätt som de andra träden i lustgården.

De två träden

"HERREN Gud planterade en lustgård i Eden, österut, och satte där människan som han format. Och HERREN Gud lät alla slags träd växa upp ur marken, ljuvliga att se på och goda att äta av. Mitt i lustgården satte han livets träd och trädet med kunskap om gott och ont."

Deras ursprung var någon annanstans, innan världens och människans skapelse. Livets träd har sitt ursprung i evigheten. Det är en manifestation av allt Gud är i hans eviga natur. Ursprungsroten är i gudomen själv. Den eviga naturen av livets träd bekräftas i Uppenbarelseboken 22. Men var har trädet med kunskap om gott och ont sitt ursprung? För att få klarhet om detta behöver vi gå till profeten Hesekiel. Där kan vi läsa i kapitel 28:12-15:

"Du var en mönsterbild av fullkomlighet, full av visdom och fullkomlig i skönhet. Du var i Eden, Guds lustgård, höljd i alla slags ädelstenar: karneol, topas och kalcedon, krysolit, onyx och jaspis, safir, granat och smaragd. Med guld var dina tamburiner och flöjter utsmyckade, framställda den dag du skapades. Du var en smord, beskyddande kerub och jag hade satt dig på Guds heliga berg. Där gick du omkring bland gnistrande stenar. Du var fullkomlig på alla dina vägar från den dag du skapades tills dess att orättfärdighet blev funnen hos dig".

Sedan i vers 17 läser vi:

"Eftersom ditt hjärta var högmodigt på grund av din skönhet, och du fördärvade din visdom på grund av din prakt"

Detta stycke är en profetisk deklaration till kungen i Tyrus,

Kapitel ett

men på en djupare nivå talar det också om Satan. Det visar på Satans ursprung. Han som en gång var känd som Lucifer, en av ärkeänglarna. Jag finner det mycket intressant att Skriften berättar om att Lucifer har ett hjärta. Hans hjärta blev högmodigt på grund av hans enastående skönhet. Det jag vill visa på här är att Satan varit full av Guds vishet men att hans vishet blev *korrumperad*. Ända fram tills dess hade Satan en fullkomlig vishet, samma typ av vishet som finns i Gud, men på grund av hans skönhet blev hans hjärta högmodigt. Han blev arrogant och stolt, och önskade att ersätta Gud själv och hans vishet blev korrumperad. Vad var denna korrumperade vishet?

Detta var den korrumperade visheten, att det handlade om gärningar. Den *hade* varit en vishet som flödade ut ur närheten av Guds kärlek, från Honom som ser och vet allt. Men den förvandlades till en vishet grundad i förmågan att döma mellan gott och ont. Den sammanfattades i att göra det som är rätt och att inte göra det som är fel. Detta är den korruption som inträffade och från och med den stunden var detta Satans vishet. Trädet med kunskap om gott och ont är mer än bara ett träd. Det är manifestationen av Satans natur. Det är essensen av hans korrumperade vishet.

Kunskapen om gott och ont lägger en stark betoning på rätta gärningar i motsats till rätt motiv. Den ignorerar att ha ett rätt hjärta. Om utsidan är bra, då är allt ok. Som kontrast till detta, betonar Jesus vikten av att ha ett rätt hjärta. Hans starkaste kritik riktades mot dem som endast levde för att göra "rätt gärning". Han kallade dem för "vitmenade gravar". De levde utifrån trädet med kunskap om gott och ont. När man iakttog dem utifrån tycktes de ha utmärkt sig i att "göra det rätta", men deras hjärtan var inte förvandlade. Du förstår att om hjärtat är rätt, även om agerandet är fel eller orden inte sägs på rätt sätt, kan människor ändå ta emot det eftersom de vet att motivet i hjärtat är kärlek. När du lever utifrån kunskapen om gott och ont måste allt vara perfekt. Så om du säger eller gör fel sak, är det väldigt fel.

Trädet med kunskap om gott och ont är grunden för prestation och prestationsångest. Om jag inte är perfekt är jag inte ok. Vårt värde bestäms av vår prestation. Vi dömer oss själva mycket hårt och med samma måttstock dömer vi andra. Du kan inte döma dig själv hårt utan att också döma andra hårt och vice versa. Många religiösa grupper lever efter denna standard och om du inte klarar att leva upp till den, har du fel och de kan inte ha gemenskap med dig. Detta är sant både på individ- och gruppnivå.

Lagen om sådd och skörd spelar in här. Det är därför Jesus sa: *"Döm inte, så blir ni inte dömda. Med den dom ni dömer med, ska ni bli dömda, och med det mått ni mäter med ska det mätas upp åt er"* (Matteus 7:1-2). När vi börjar döma andra på grundval av vad som är bra eller dåligt, rätt eller fel, öppnar vi upp oss själva till att bli dömda med samma standard. Detta är en universell princip. Aposteln Paulus visste detta när han sa: "Nej, jag dömer inte ens mig själv" (1 Kor 4:3). Det var ett oerhört uttalande. Aposteln Paulus dömde inte sig själv! Vi är så betingade av att leva våra liv genom konstanta bedömningar om vad som är rätt eller fel i våra handlingar. Vi bedömer inte bara oss själva utan även andra i skenet av samma strålkastare. Aposteln Paulus vägrade att leva utifrån kunskapens träd som dömer rätt eller fel. Det behöver vi också göra.

Vi har mycket av detta dömande i populär kristen undervisning. En stor del av lärjungaträningen betonar nödvändigheten av en ständig utvärdering av sig själv. Ledsamt nog är mycket av denna undervisning baserad på lagiskhet, oavsett om den är uppenbar eller dold - men det är fortfarande lagiskhet för den utgår från trädet med kunskap om gott och ont. Den baseras inte på nya förbundets evangelium i vilket Jesus dog för oss.

LAGEN OM SÅDD OCH SKÖRD

När vi ser på och värderar varandra, träder flera andliga lagar i kraft. Principer som lagen om sådd och skörd. Du sår ett litet frö av dömande men du skördar en skörd av dom. Gud ämnade att lagen om sådd och skörd skulle vara till en stor välsignelse för oss. Hans önskan var att vi skulle få en rik skörd från ett litet frö. Vilken välsignelse det skulle vara! Att plantera några få frön och sedan efter en tid få ett helt fält fyllt av vad du har planterat i form av frön. Vad som är sant i det naturliga är lika sant i det andliga. Samma princip som skapades för att arbeta till vår favör, kan nu arbeta mot oss. Om vi sår ett frö av osämja eller dom börjar vi längre fram skörda vad vi sått. Vi skördar med det mått (eller mer) som vi sått.

Detta är uppenbart när vi fostrar barn. Ofta lovar vi oss själva att vi *aldrig* ska uppföra oss på samma sätt som våra föräldrar gjorde. Vi är helt bestämda på att vi ska göra saker på ett annat sätt än våra föräldrar. Men sedan händer något och vi chockas av att höra samma ord som vi hörde våra föräldrar säga, komma ut från våra egna munnar. Vi har dömt våra föräldrar och nu får vi skörden av den domen då vi behandlar våra barn på samma sätt. Det vi dömer våra föräldrar för, börjar ageras ut i våra egna liv.

Jag kommer att tänka på ett annat exempel. Ibland kan vi inte förstå hur en kvinna som haft en kränkande far, gifter sig med en man som liknar honom. Borde hon inte finna en man som är snäll mot henne, kärleksfull och generös? Men ofta kan det ligga en dom bakom detta. Skriften är väldigt tydlig om detta. Den som skrev Hebreérbrevet varnar explicit för detta: *"Se till att ingen går miste om Guds nåd [så]* (eng.) *att ingen bitter rot får växa upp och skada och smitta många"* (Heb 12:15). Den bitterhetens rot kan förbli i jorden under många år, men när den kommit till full mognad får du skörda. Den kommer att komma till dig många gånger och i många olika situationer. En kvinna kan växa upp och gifta sig med en man lik den far hon dömde. En son behandlar sitt barn på samma sätt som sin far som han dömde. När du dömer någon utifrån bitterhet kommer den domen att komma tillbaka över dig.

Vi tar ett annat exempel. Hur kan det komma sig att när det blir en församlings-splittring får den nya församlingen svårt att utvecklas och blomstra? Därför att den bildats utifrån dom och snart börjar den bittra roten manifesteras även där. Om inte den bittra domen tas itu med och försoning sker som tillåter kärleken att flöda igen, kommer samma dom att manifesteras i det som kommer efter! Detta ska inte tas lättvindigt. Det är en oåterkallelig andlig lag.

Människor dömer ofta andra för otrohet. Sedan faller de själva för samma frestelse. Många av de problem vi har i våra liv beror på att vi själva har dömt andra och vi blir det vi dömer. Sanningen är, att fälla domar över andra endast är självrättfärdighet. Ibland känner vi oss stolta över att vi står för rättfärdighet. Men i verkligheten har vi dömt i våra hjärtan. Vi ser inte bjälken i vårt eget öga när vi försöker ta bort flisan ur vår nästas öga.

Det kraftfulla dynamiken som verkar här är, att när vi dömer problem eller felsteg i oss själva, är det en religiös form av liv som kommer från kunskapens träd på gott och ont. När vi gör detta kommer de oundvikliga konsekvenserna som följer av det. Galaterbrevet 3:10 säger tydligt:

"Men de som håller sig till laggärningar är under

Kapitel ett

förbannelse. Det står skrivet: Förbannad är den som inte håller fast vid allt som är skrivet i lagens bok och gör därefter".

Många av oss undrar varför Guds välsignelse inte vilar över våra liv på det sätt han lovat. Vi kanske behöver ta tid och be den Helige Ande visa oss om vi har domar som döljer sig, om vi har dömt andra och *oss själva* genom att försöka leva under lagen. När vi lever under denna lag, lever vi under en förbannelse därför att hela systemet har blivit förbannat. Det är omöjligt att utvecklas under det.

ATT LEVA UTIFRÅN HJÄRTAT

Numer i mitt liv och tjänst, lägger jag tyngdvikten på livet i mitt hjärta. Hjärtats centralitet är oerhört viktigt för det kristna livet. Det är inte utifrån våra naturliga sinnen som vi uppfattar det andliga - det är i vår ande och vårt hjärta. Det behöver inte ens sägas att våra sinnen är goda då de är skapade av Gud. Han menade att vi skulle använda våra sinnen, men hans syfte är att våra sinnen ska fungera när de är kopplade till livets träd. I motsats till Guds design, det andra sättet våra sinnen kan användas till är att vara kopplade till trädet med kunskap på gott och ont. När det sker, används våra sinnen konstant till att värdera och bedöma vad som är rätt och fel. Vi har behov av att leva utifrån principer. Vi vill leva våra liv med regler. Det är lättare att hänvisa till en handbok med regler i en given situation än att ta ett beslut från hjärtat. Att leva efter riktlinjer är inte att använda "Andens sinne" (Rom 8:6 och v. 27) för att urskilja vad som ska göras i en given situation. Att försöka fundera ut saker i våra sinnen, leder till andlig död. Urskiljning och vetande som kommer från hjärtats koppling med livets träd, är totalt annorlunda från att försöka komma fram till allt genom våra naturliga sinnen.

Tänk på detta! I Efesierbrevet 4:17 säger Paulus mycket tydligt:

Därför säger jag detta och varnar er i HERREN: lev inte längre så som hedningarna lever. **Deras tankar är tomma***, deras förstånd är förmörkat. De är främmande för livet i Gud därför att de är okunniga och förhärdade i sina hjärtan.*

Det är inte många saker som Paulus uttrycker så starkt. Han *insisterar* i Herren och vi kanske förväntar oss att han ska säga något om sexuell synd till exempel. Istället *insisterar han i Herren* att de inte längre ska leva gagnlöst i sitt tänkande. Paulus jämställer till och med denna lönlöshet med att vara "förmörkad i sitt förstånd" och att genom det bli förhärdade i sina hjärtan. Detta är mycket allvarligt.

Vi ser här kopplingen mellan sinnet och hjärtat. När vi försöker att leva utifrån trädet med kunskap på gott och ont är det enligt Paulus ett "gagnlöst tänkande". Med andra ord kan vi inte tänka ordentligt om vi är separerade från våra hjärtan. Om våra hjärtan är förhärdade förstår vi inte hur Guds sinne verkar. Vi förstår inte hans tankar och hans värderingar på grund av ett förhärdat hjärta. Guds tankar och värderingar flödar från hans kärleksfulla hjärta.

Det är så lätt att missa detta. Vi behöver få vår föda från livets träd istället för att själva försöka tänka ut allt. Vi kan vara fria från oron om att hålla måttet. Om vi lever från hjärtat, kopplade till livets träd, behöver vi inte oroa oss för detta. Det skulle vara en stor lättnad att bara vara fri från tvånget att behöva döma och att sedan komma in i livet som flödar från Guds hjärta. Detta är det sanna evangeliet - att vara kopplad till livet! Vilken lättnad och glädje att leva med ett öppet hjärta, att röra sig i och med det hjärta av kärlek som finns i Gud, fri från att alltid vara på spänn och analysera en massa andliga beslut och frågor varje minut.

LIVETS TRÄD

Låt mig nu tala om livets träd. Ironiskt nog verkar det finnas mer att säga om trädet med kunskap på gott och ont, än om livets träd. Det är på grund av att Livets träd faktiskt är väldigt enkelt. Livets träd är detta - att vara kopplad till och leva i Guds kärlek, att förbli i kärleken som Fadern och Sonen njuter av och som binds samman av den Helige Ande. Vi kan leva i en kontinuerlig erfarenhet av att vara älskad av Fadern och hans son Jesus. Den Helige Ande öser ut denna kärlek över oss igen och igen när vi tror (Rom 5:5).

Och det finns frukt i Livets träd. Galaterbrevet 5:22 ger oss en beskrivning av den. Det är kärlek, glädje, frid, tålamod, vänlighet, godhet, trofasthet, mildhet och självkontroll. Paulus säger att "sådant är lagen inte emot". Detta är vad Faderns kärlek producerar automatiskt i våra liv.

Vi ser det igen och mer tillspetsat i 1 Korintierbrevet 13. I öppningsverserna säger Gud att oavsett hur begåvade vi är, om vi inte har denna kärlek - är vi ingenting. Sedan fortsätter beskrivningen av vad Guds kärlek kommer att producera i dig:

> *Kärleken är tålig och mild. Kärleken avundas inte, den skryter inte, den är inte uppblåst. Den beter sig inte illa, den söker inte sitt, den brusar inte upp, den tänker inte på det onda. Den gläder sig inte över orätten men gläds över sanningen. Allt bär den, allt tror den, allt hoppas den, allt uthärdar den. Kärleken upphör aldrig.*

De två träden

Det är så din personlighet automatiskt kommer att bli när Faderns kärlek flödar in i dig. När vi lever i enlighet med kunskapens träd på gott och ont kommer vi att leva utifrån våra val och kunskapen om rätt och fel. Men när vi vandrar i den kontinuerliga erfarenheten av Faderns kärlek, kommer våra hjärtan att förvandlas till att vara lika Guds hjärta, vara motiverade som han är och känna som han känner. Hans kärlek flödar in i oss och kommer sedan att överflöda med alla dess kännetecken, det vi kallar för andens frukt.

Vi ser kontrasterna i vilket liv som flödar från de två träden i Jakobs brev 3:13-18:

> *Är någon av er vis och förståndig, då ska han visa sina gärningar genom ett klokt, vänligt och gott uppträdande. Men bär ni bitter avund och rivalitet i ert hjärta, ska ni inte skryta och ljuga i strid mot sanningen. En sådan "vishet" kommer inte från ovan utan är jordisk, oandlig, demonisk. För där det finns avund och rivalitet, där finns också oordning och all slags ondska. Men visheten från ovan är först och främst ren, dessutom fredlig, mild, följsam, full av barmhärtighet och goda frukter, opartisk och uppriktig. Rättfärdighetens frukt sås i frid och ges åt dem som skapar frid.*

När vi har gemenskap med Gud, äter vi från livets träd. När vi äter från livets träd och våra hjärtans ögon börjar öppnas, kommer vi att vandra och leva i den vishet och uppenbarelse som Paulus talar om i Efesierbrevet 1. Där finns livet. Att leva handlar då inte längre om att välja mellan gott och ont, rätt och fel. Det handlar om att leva utifrån hans enorma kärlek. Detta är kärlek, att leva i intimitet med Fadern, i hans Son. Detta är vad Adam upplevde i lustgården innan fallet. Adam hade den livgivande kopplingen med Fadern.

Kapitel ett

Omsluten av kärlek

Vi kommer tillbaka till det livet. Detta är den kärlek som täcker allt. Denna verklighet är underbart demonstrerad i Lukas 7 när Jesus besökte farisén Simons hus. Det är ironiskt att de flesta nutida bibelöversättningar sätter som överskrift "en syndig kvinna".

Det som hände här var häpnadsväckande i den kultur där det skedde. Männen i fariséns hus tänkte att de hade allt på plats, att de var på väg till det nya riket som Gud som skulle skapa på jorden. De vaktade lagen med sina liv. Att hålla lagens bokstav var det viktigaste för dem. Varje punkt och prick av lagen tog hela deras dagliga liv i anspråk.

Hur skrämmande det måste ha varit för kvinnan, att kliva in i ett rum fyllt av samhällets främsta män. De skulle alla ha varit klädda i sina finaste kläder och självbelåtna i vetskapen om att de uppfyllde lagen. De hade organiserat en speciell middag och bjudit in denna rabbin, Jesus, att äta med dem. De såg på sig själva som kunniga om Guds syften. Jag finner det mycket intressant att dessa män visste vem denna kvinna var. De visste att hon var en prostituerad. Ibland undrar jag på hur de kunde veta det!

Det är något med vad Jesu närvaro gör med människor som är brutna, nedvärderade, orena och som anses ovärdiga. För de av oss som inget har kvar, är att komma till Jesus den sista utvägen. Det mest underbara är att Jesus möter oss i vår brutenhet. Herrens närvaro är så tillgänglig. Hans närvaro är så verklig, eftersom han har ett hjärta för oss. Mitt i detta scenario kommer kvinnan in, hon den mest obetydliga.

Fariséerna som har samlats i Simons hus dömer henne som en

syndig kvinna, men det var inte Jesu hjärta mot henne. Hon kommer i all sin brutenhet, hon har inga andra möjligheter kvar. Hon har blivit nedvärderad på alla möjliga sätt. Till slut, när hon kommit till slutet av sig själv, är hon redo att riskera allt. Hon lämnar ut sitt hjärta till Jesus och hennes tårar tvättar hans fötter. Hon äger ingenting men ger allt hon har kvar.

Det fariséerna ser är en prostituerad som ger sin inbjudan till en man som kallar sig Guds Son. De sitter där och undrar vad hans gensvar ska bli. Är han en ren och moralisk man? Kan han handskas med situationen på ett rätt sätt? I Ordspråksboken står det att en prostituerad är igenkänd genom hennes kyssar, hennes hår och parfym. Denna kvinna ger allt detta. Parfymen som hon kanske använder i sitt arbete. Hennes hår och hennes kyssar är redskap i hennes arbete. Det är allt hon har att ge och hon ger allt. Hon ger sig själv och vad som återstår av hennes värdighet och de redskap hon använder i yrket. Hon lägger allt vid Jesu fötter.

Vi ser i Lukas 7:39 en demonstration av vad det innebär att leva från trädet med kunskap på gott och ont:

> *Farisén som hade bjudit in honom såg det och sade för sig själv: "Hade han varit en profet, så hade han vetat vad det är för en kvinna som rör vid honom, att hon är en synderska."*

Fariséns bedömning var helt klart baserad på vad som var rätt och fel, men Jesus utmanade det. Det underbara är ju att Jesus *verkligen var* en profet och han visste *exakt* vem hon var. I vers 40 läser vi:

> *Då sade Jesus till honom: "Simon, jag har något att säga dig." Han svarade: "Mästare, säg det."*

Simons gensvar är att han vill ha mer information för att göra sin bedömning, men Jesus fortsätter med en liknelse:

"Två personer stod i skuld till en penningutlånare. Den ene var skyldig femhundra dinarer, den andre femtio. När de inte kunde betala, efterskänkte han skulden för dem båda. Vem kommer nu att älska honom mest?" Simon svarade:"Den som fick mest efterskänkt, antar jag."

Jesus sade: "Du har rätt." Sedan vände han sig mot kvinnan och sade till Simon: "Ser du den här kvinnan? När jag kom in i ditt hus gav du mig inget vatten för mina fötter, men hon har vätt dem med sina tårar och torkat dem med sitt hår. Du gav mig ingen hälsningskyss, men sedan jag kom in har hon inte slutat kyssa mina fötter. Du smorde inte mitt huvud med olja, men hon har smort mina fötter med balsam. Därför säger jag dig: Hon har fått förlåtelse för sina många synder. Det är därför hon visar så stor kärlek. Men den som fått lite förlåtet älskar lite."

Lägg märke till att Jesus vänder sig till kvinnan men svarar Simon. Jag kan tänka mig att Jesus är fylld av kärlek och medlidande när han ser på henne. Han visste att kvinnan kommit med allt hon hade. Jag undrar om hon var där när Jesus talade ut bergspredikan. Hon kanske såg något i hans ögon eller hörde något i hans röst, något som utmärkte honom från alla andra män hon mött. Hennes hunger och behov av hans kärlek, fann ett eko och ett svar i honom. Hon visste på något sätt att han kunde älska henne på ett sätt som hon längtade efter. Han älskade henne med en faders kärlek och upprättade värdighet till hennes person. Han visade henne en kärlek som var långt utöver den moralkod som visade vad som var rätt och fel.

KÄRLEKEN FELAR ALDRIG

Hur kunde denna stackars kvinna veta att det handlade om kärlek? Hur kunde hon veta att det kristna livet inte handlade om rätt eller fel, gott eller ont eller att göra rätt sak?

Det är så enkelt! Livets träd handlar om en kärlek som täcker över allt det vi lägger så mycket tid på att moralisera över. Om du älskar, kan du inte göra fel. När vi har gemenskap med Fadern, blir våra hjärtans ögon öppnade igen. Hjärtats ögon som slöts när mänskligheten tog av kunskapens träd på gott och ont, kommer att öppnas igen så vi fritt kan äta från livets träd. Om vi äter från Faderns kärlek, kommer vi att älska med Faderns kärlek.

När vi verkligen börjar vandra i kärlek finns det så mycket som vi inte behöver fundera ut. Om ditt hjärta konstant äter från livets träd och dömer med en dom som är barmhärtig och bringar frihet, blir det så mycket enklare att älska än att göra något annat. Det är när vi inte älskar som vi bedömer allt. När vi älskar kan vi sätta människor fria, för det är inte upp till oss att döma dem.

Må Gud ge oss den underbara oskyldighet som Jesus hade. Han dömde inte. Han var den ende som kunde göra en korrekt bedömning men han gjorde det inte. Det var inte hans jobb att döma och det är sannerligen inte vårt. Det finns så mycket frihet och glädje när du inte behöver fundera på om en människa har rätt eller fel. Om du behöver tillrättavisa någon, ge då en tillrättavisning som leder till liv, inte död. Fostran i kärlek och omsorg för en människa är vägen till att återupprätta liv. Livets träd ser till hjärtat, inte på människans agerande.

Kapitel ett

Livets träd är en källa av kärlek och frihet. Varje dom från Guds perspektiv, utifrån Guds kärlek och i ett flöde av liv, är en rätt dom. I motsats till detta, om man dömer utifrån kunskapens träd, kommer fångenskap och död. Detta är vad Jakob förmanar i kapitel 2:12-13:

> *"Tala och handla så som den som ska dömas efter frihetens lag. Domen blir obarmhärtig över den som inte har visat barmhärtighet. Men barmhärtighet triumferar över domen."*

Frihet och barmhärtighet är massiva faktorer i detta. Barmhärtighet triumferar över dom. Där barmhärtighet är uträckt istället för dom, har Guds vilja segrat. Barmhärtighet är att låta den skyldige gå fri och att önska välsignelse över den skyldige. Det är det sätt Gud ser oss. Han ser på oss med barmhärtighet istället för att döma oss. Hans kärlek straffar oss inte och därför har vi inget att frukta. Enligt 1 Johannes 4:18:

> *"Det finns ingen rädsla i kärleken, utan den fullkomliga kärleken driver ut all rädsla, för rädsla hör samman med straff."*

När vi vet att vi inte längre blir straffade därför att barmhärtigheten har triumferat över domen, är vi inte längre rädda. Det finns ingen rädsla in den kärlek Gud har för oss. Synd som har ångrats, bär ingen fortsatt dom.

> *"Vem ska anklaga Guds utvalda? Gud är den som frikänner."* Rom 8:33

Det må finnas konsekvenser i livet för synd, men när någon omvänt sig - från Guds perspektiv - triumferar hans barmhärtighet över domen. Dom är en av de allvarligaste frågorna mellan oss och Gud. Hur kan vi sätta oss till doms över hans folk som han redan har rättfärdiggjort? Om Gud inte har något emot den personen, hur kan då en vanlig dödlig säga att de inte är värdiga vår gemenskap?

Vi är alla i processen av att lära oss att se med kärlekens ögon. Människor kan säga att "kärleken är blind" men det är bara kärlek som verkligen ser. Detta med att döma rätt och fel har skadat oss mycket. Du kommer aldrig att få en positiv självbild från kunskapens träd på gott och ont. Det kan du bara få från livets träd - från att du ser dig själv som Gud ser dig. Många av våra problem kommer från att vi hämtat från fel källa, men när vi börjar äta från livets träd löser de problemen sig.

Jag känner att vi är väl kvalificerade för att förstå detta, då Denise och jag under lång tid levde troget utifrån kunskapens träd på gott och ont. Vi hade en stor vision och beslutsamhet att tjäna Herren, eftersom han hade gjort så mycket för oss. Vi landade med en duns rakt in i livet och ljuset, och var entusiastiska för att nå ut till alla. Vi blev involverade i allt och gav bort allt vi hade tre eller fyra gånger. Vi blev experter på att tjäna. Vår stora fråga till varje behov var: "Vad skulle Jesus göra?" Om det är din fråga, kommer du att få väldigt mycket att göra. Vi gjorde det, drabbades av en kraftig utbrändhet och insåg att det inte var en del av Guds kristendom.

Låt mig säga detta väldigt tydligt. Om du får tag i detta, kommer det att sätta dig fri från en massa "kristna krav". Det kan sätta dig fri från det lagiska sinnelaget och förväntningarna som du har på dig själv som kristen. Jag tror verkligen att det kan befria dig till att bara njuta av ditt kristna liv och din relation med Gud. Hela poängen med kunskapens träd på gott och ont är att lura bort dig från den enkla gemenskapen med din Fader, till ett annat sätt att leva och ett annat evangelium som inte alls är några goda nyheter. Satan har varit mycket effektiv i att leda oss vilse. Sann rättfärdighet handlar om rätt relation med Gud, inte om rätt uppförande i världen. Livets träd är en koppling i kärlek till vår Fader. Det enda som aldrig felar är kärlek. Om du äter av livets träd kommer du att ha en naturlig nåd för människor och kunna förlåta dem. Du kommer att vara tålmodig och vänlig och agera på rätt sätt mot dem. Om ditt perspektiv är att du automatiskt ser saker som är fel med andra människors liv - äter du från fel träd. Om ditt naturliga sätt är att se fel i ditt eget liv - äter du från fel träd. Det enda kristna liv som faktiskt fungerar är det liv som flödar från livets träd.

KAPITEL TVÅ

Att öppna hjärtats ögon

~

Åren av utbrändhet som Denise och jag gick igenom hade en otrolig effekt på oss. Vi kom ut ur den tiden med insikten om att något var väldigt fel med hur vi uppfattade vad det innebar att vara en kristen. Eftersom vi tillbringat tid i många nationer och sett kristenheten i flera olika kulturer, såg det ut som om den vanligaste formen av det som idag kallas andefylld kristendom var det som gjorde oss utbrända. I dagens kristenhet har världen ett stort inflytande på hur det fungerar. Vi använder samma principer som används i affärsvärlden i vår vandring med Herren. För att bygga ett framgångsrikt företag måste du vara driven, strukturerad, energisk och överlåten. Detta leder då till att du måste vara en driven och målorienterad person för att evangelisera världen. Kärnprinciperna i entreprenörskap innefattar att ha en vision, planera för visionen och sedan utföra planen. Om du arbetar tillräckligt flitigt med din plan *måste* du ha framgång. Samma motiverande tekniker används i dagens kristenhet. Det finns motivationstalare som använder exakt samma principer och gör det andliga livet till ett affärsprojekt. Det finns till och med kristna talare som talar till affärsvärlden eftersom de förespråkar för exakt samma principer för att nå framgång. Samtidigt är det vissa kyrkor som inbjuder motivationstalare från världen för att bidra till lärjungaträningen i deras församlingar. Ledarskapskonferenser är ofta fokuserade på entusiasm, överlåtelse,

Kapitel två

planering och nycklar till framgång. Världens koncept och värderingar infiltrerar kyrkan.

Inom dessa områden har det kommit in en stor förvanskning i kristenheten. Jag har blivit uppmuntrad till att tala mer kraftfullt om detta, eftersom jag ser tydligt att när du börjar planera Guds verk i ditt andliga liv har du lämnat den Helige Ande utanför! Du kan inte planera för den Helige Ande. Han passar inte in i några planer. Vi kan sjunga orden med stor kraft: "Inte genom styrka eller makt, utan genom min Ande ska det ske, säger Herren", och sedan gå ut och göra Guds verk med hela vår egen kraft och styrka. En av de stora missförstånden i församlingen är att kristendom kan förstås genom att enbart studera sig till det, att du kan greppa den med den mänskliga hjärnan och att du genom dina egna ansträngningar kan vandra med Gud i självkontroll och disciplin. Vi inser inte att vi inte kan lära känna eller tjäna Herren på detta sätt. Han ser till hjärtat. Gud söker en hjärtats relation med oss och hans önskan är att vi ska leva utifrån hjärtat, inte utifrån vad vi tror att en kristen *förväntas* göra. Många tror att vi relaterar till Gud från våra hjärtan men att vi arbetar för honom i egen kraft. Vi har förlorat sikten på vad Paulus menar när han säger att Gud verkar mäktigt i honom (Kol 1:29) och att Jesus sa att de gärningar han gjorde inte var hans, utan Faderns som verkade genom honom (Joh 14:10).

Innan Adam och Eva åt från kunskapens träd på gott och ont hade de sett på livet genom andra ögon. De hade sett allt med hjärtats ögon. Med de ögonen såg de Gud Faders kärlek till dem och de såg sig själva i ljuset av den kärleken. De såg sin relation med varandra genom hjärtats ögon. Hjärtats ögon fungerade men sinnets ögon som bedömde rätt och fel, gott och ont, korrekt och inkorrekt fungerade inte. De var blinda inför dessa begrepp och bedömningar. När de åt från kunskapens träd på gott och ont, kom de in i samma kunskap som Satan fungerar i. Satans natur är bedömningen om gott och ont. Det är Satans verklighet. Han ser allt utifrån paradigmet om gott och ont. Han är den ursprungliga och den ultimata lagiska personen.

Ormen sa egentligen: "Gud gör något *dåligt* gentemot er. Han håller inne med något *gott*. Han vet att om ni äter av denna frukt, kommer ni att bli lika honom. Han försöker hålla kvar er i något negativt. Han vill inte ge er det som är bra!" Detta var Satan frestelse. När Adam och Eva åt från trädet, började deras perspektiv på livet att förändras till att bli likt Satans. Nu öppnades mänsklighetens ögon för att se med de ögon som ormen såg. Innan dess var deras enda begrepp Guds kärlek för dem. De visste att de var förbjudna att äta från kunskapens träd på gott och ont och att det var den enda begränsning de hade. För dem var allt frid och glädje. Om du hade satt dig ned med dem och försökt förklara begreppet osäkerhet, skulle du ha kunnat hålla på i hundra år och de skulle ändå inte ha greppat det. Hela deras erfarenhet var att Gud Allsmäktig vandrade med dem varje dag och att han älskade dem fullständigt och ovillkorligt. De var så fyllda med den kärleken att de inte hade kapacitet till att känna rädsla eller osäkerhet. Det som hände när de åt av frukten var att deras ögon öppnades för att kunna uppfatta möjligheterna till att kunna göra rätt eller fel, att välja gott eller ont. Ända sedan dess har mänskligheten varit besatt av den frågan och problem som osäkerhet, rädsla och en negativ självbild har blivit normen.

Har du någonsin funderat på hur det skulle vara att vara fysiskt blind? Jag har tänkt på det ganska mycket. Jag är en visuell person och kan inte förstå hur det måste vara för människor som inte kan se. Jag har känt människor som förlorat synen och det blir en enorm chock för dem. Så många saker som vi säger är kopplade till synen.

Kapitel två

När vi säger adjö, säger vi ofta "Vi ses senare", men det är aldrig en riktig upplevelse för den som är blind. När du är blind kan du inte se. När sinnets ögon öppnades, så stängdes hjärtats ögon. Ögonen som kunde se verkligheten av att vara nära Fadern och hans kärlek slöts. När de lämnade lustgården började minnet av att vandra med Fadern att blekna. Över de kommande generationerna föll minnet i glömska för världen. De hade hört om Gud men ingen kunde se honom. Ingen förstod honom eller kände honom som han verkligen var.

Nu började Gud sträcka sig ut till mänskligheten. Han sände profeter, lärare och domare. Han sände kungar, poeter, krigare och mödrar till Israel. Han sände dem för att på något sätt representera honom till ett folk som inte kände honom och som inte kunde se honom. Hela världen var nu fast i paradigmet att livet handlar om rätt och fel. Så är det än i dag. Även den minsta detalj i våra liv ses i termer av rätt eller fel. "Den färgen på skjortan är inte rätt med den jackan" eller "det är inte rätt sätt att styla ditt hår".

Något har blivit väldigt tydligt för mig när jag läser Bibeln. Ända sedan fallet, har Guds agenda för mänskligheten varit att våra hjärtans ögon åter ska öppnas. Genom hela Skriften ser vi om och om igen, att vad tjänst syftar till, är att öppna de blindas ögon för att kunna se vem Gud verkligen är. För att demonstrera detta vill jag visa på några olika tillfällen i historien av Guds handlande med mänskligheten. Dessa exempel visar på mandatet som är givet av Gud i både det Gamla och Nya testamentet.

MOSE TJÄNST SOM LAGGIVARE

I 5:e Mosebok 29 läser vi historien om Israels barns uttåg ur Egypten och hur Herren gjorde stora mirakel för dem. Moses påminner dem om vad Herren gjorde för dem, hur han delade Röda havet, hur han ledde dem genom ödemarken och gav dem ett land att inta:

> *"Mose kallade samman Israel och sade till dem: Ni har sett allt som HERREN gjort inför era ögon i Egyptens land med farao och alla hans tjänare och hela hans land, de stora prövningar som du med egna ögon sett, de stora tecknen och undren."*

I vers 4 säger Moses dessa ord:

> *"Men ännu till denna dag har HERREN inte gett er hjärtan till att förstå, ögon till att se och öron till att höra… för att ni skulle veta att jag är HERREN er Gud."*

Fast de varit mitt bland alla tecken och under, hade de fortfarande inte "hjärtan till att förstå, ögon till att se och öron till att höra".

Detta talar om deras oförmåga att se med hjärtats ögon, för att i sanning uppfatta och förstå. Hjärtats ögon hade slutits hos folket. Moses hade förmågan att se för hans hjärta var annorlunda. Hans hjärta var inte förhärdat och hans hjärtas ögon var inte förblindade. Detta var ett kritiskt ögonblick för Israels utveckling. Vi ser i denna passage att Israel generellt inte hade kapaciteten att se då deras ögon var slutna. De såg med sina naturliga ögon, dömande rätt och fel.

PROFETEN JESAJAS MANDAT

Om vi läser Jesaja kapitel 6, ser vi här samma problem komma fram. Jesaja var troligen en av de största av profeterna. Stora delar av hans profetior skrevs i form av poesi, även om det inte är uppenbart

Kapitel två

när vi läser det på engelska (eller svenska). Jesaja bok är extraordinär, inte bara för det den säger utan på grund av hur den säger det. Jesaja var kallad till att vara en profet. I det sjätte kapitlet läser vi om en anmärkningsvärd upplevelse han hade:

> *"Året då kung Ussia dog såg jag HERREN sitta på en hög och upphöjd tron, och släpet på hans mantel uppfyllde templet. Serafer stod ovanför honom, var och en hade sex vingar. Med två täckte de sina ansikten, med två täckte de sina fötter och med två flög de. Och den ene sade till den andre:*

> *"Helig, helig, helig är HERREN Sebaot! Hela jorden är full av hans härlighet". Rösten från den som ropade fick dörrposterna att skaka och huset fylldes av rök. Då sade jag:*

> *"Ve mig, jag förgås! För jag är en man med orena läppar och jag bor bland ett folk med orena läppar, och mina ögon har sett Konungen, HERREN Sebaot." Då flög en av seraferna fram till mig. I hans hand var ett glödande kol som han hade tagit från altaret med en tång. Med den rörde han vid min mun och sade:*

> *"När detta har rört vid dina läppar är din skuld borttagen och din synd försonad." Och jag hörde HERRENS röst. Han sade:"Vem ska jag sända? Och vem vill vara min budbärare?" Då sade jag: "Här är jag, sänd mig!" Och han sade: "Gå och säg till detta folk: Ni ska höra men inte förstå, och ni ska se men inte fatta. Förhärda detta folks hjärta, gör deras öron döva och deras ögon blinda, så att det inte ser med sina ögon eller hör med sina öron eller*

förstår med sitt hjärta och vänder om och blir botade..."

När profeten hade denna upplevelse av att se Herren blev han helt tillintetgjord. Det var inte bara allvaret i stunden, utan han låg raklång på golvet och varje cell i hans kropp föll verkligen isär. Han var totalt knockad och fylld med en känsla av sin egen totala obetydlighet. Detta måste vara den känslomässigt ultimata berg- och dalbanan. Från att se Guds härlighet omgiven av serafer, till den djupa förståelsen av sin egen orenhet. Han hade sett Guds härlighet *och* gått ned i djupet. Nu åker han upp på höjderna när ängeln rör vid hans läppar med det glödande kolet. Han vet att hans skuld tas bort och hans läppar renas. Nu kan han tala som en sann profet.

I samma stund som ängeln rör vid hans läppar, hör Jesaja Herren fråga: "Vem ska jag sända och vem vill vara vår budbärare?" Gud väntar på att Jesaja frivilligt ska erbjuda sig. Herren vill verkligen att vi ska vara involverade i hans verk men han tvingar oss aldrig att göra något, det är alltid vårt val. Han driver oss inte - han leder oss. Om du känner dig driven av någon att du *måste* göra något, kan du vara säker på att det inte är Gud. Gud kommer alltid att locka dig. Jesus sa: "Mina får hör min röst och de följer mig". Om du inte följer av din fria vilja, är det inte Herren som ber dig gå den vägen.

Här är detta otroliga scenario i vilket Herren rör vid Jesaja och profeten börjar höra konversationen mellan de tre personerna i gudomen. Han hör Herrens röst säga: "Vem ska jag sända och vem vill vara vår budbärare?" Tänk dig att allt detta händer Jesaja på en nivå - han bevittnar Herrens härlighet som fyller templet, han ser änglarna runt tronen, hans läppar blir berörda av brinnande kol från altaret. Och den treenige Guden - Fader, Son och Helig Ande - låter Jesaja lyssna till deras konversation. Personerna i treenigheten låter denna man höra vad de säger till varandra. Jag finner nöje i att

Kapitel två

fantisera om deras samtal så här:

Vem ska vi sända? Har du några idéer? Jag undrar..."

Sedan säger Jesaja, nästan motvilligt, dessa häpnadsväckande ord: *"Här är jag".*

"Ja, där är du!" Gud låter till synes Jesaja bestämma att erbjuda sig frivilligt, sedan gensvarar han med:

"Här är jag, sänd mig. Jag vill gå och tala ditt ord."

Och här är den viktiga delen. Denna fantastiska upplevelse som Gud gav Jesaja var som att sätta en överskrift på den kallelse som han skulle ge honom. Därefter talar Herren direkt till Jesaja och vad han säger åt honom att tala blir grunden för profetens hela liv och tjänst:

"Ni ska höra och höra men inte förstå, och ni ska se och se men inte fatta. Förhärda detta folks hjärta, gör deras öron döva och deras ögon blinda, så att de inte ser med sina ögon eller hör med sina öron eller förstår med sitt hjärta och vänder om och blir botade."

Vad Gud säger är: "Jag sänder dig att predika mitt ord, men när du gör det kommer de inte att ta emot det. De har redan bestämt sig för att mitt ord handlar om rätt och fel, men jag sänder dig ändå som ett vittne. Jag sänder dig till att betjäna ett folk som inte kommer att lyssna. Faktum är att din predikan kommer att stänga deras öron *ännu mer".*

Vilken kallelse till tjänst detta är! En profets tjänst som inte kommer att bära någon frukt. Tvärtom, det kommer att driva människor längre bort. Detta utmanar verkligen vår uppfattning om vad tjänst innebär.

Gud sänder profeten att predika hans ord men samtidigt säger han till Jesaja att människorna inte kommer att lyssna. De kommer inte att ha ögon som ser eller öron som hör. De kommer inte att ha förmågan att förstå. Varför? Därför att deras hjärtan är förhärdade och låsta i att se med deras andra ögon - *ögon som bedömer vad som är rätt och fel*. De vandrar lydigt längs lagens väg. De har redan stor kunskap i sina huvuden, så när Jesaja predikar från sitt hjärta till deras hjärtan kommer de inte att gensvara. Guds ord vädjar alltid till hjärtat och ett hårt hjärta kan inte ta emot det.

Vi har fastnat i samma sak - frågan om rätt eller fel. Vi kan bli så fokuserade på synden. Vet du att Gud överhuvudtaget inte har något intresse för synd? Det enda han gör med synden är att bli av med den. Han är inte sjukligt intresserad av syndens detaljer, att utvärdera bättre eller värre synd. Han vill bli av med alltsammans. Han tänker inte: "Åh du hemska människa, du är en syndare!" Det är klart att han vet att du är en syndare! Du föddes i Adam. Det finns inget hopp för dig förutom i Jesus. Jesus som har tvättat bort vår synd. Hur många av våra synder har han tvättat bort? Varenda en! Det handlar inte om synd. Det handlar inte om rätt och fel! Det handlar om att dina ögon öppnas till något annat. Det handlar om att se en annan verklighet.

Även som kristna är våra ögon öppna för vad som är rätt och fel. Vårt värdesystem är baserat på synd och att agera rättfärdigt. Våra ögon är öppna för att göra det som är gott och att avhålla oss från att göra fel. Allt handlar om vad du *ska* och *inte ska* göra. Verkligheten handlar om något helt annat. När du ser på det som är rätt och fel, heligt och orent, lever du fortfarande ditt kristna liv från fel träd - kunskapens träd på gott och ont. Frasen "fel träd" har gett oss en sådan klarhet. Nu tittar Denise och jag på varandra när vi reagerar på ett visst sätt och säger: "Fel träd!"

Fundera över följande fråga. Tror du att Gud vaknar varje morgon och tänker: "Jag får inte synda idag"? Självklart inte! Han kan inte synda, det är inte i hans *natur*. Hur lyckas han han det? *Han lever efter en annan princip.* Han lever efter kärlekens lag - *och kärleken kan inte synda.* Guds kärlek kan inte synda. Även om ett hjärta av kärlek inte förstår vad synd är, vill det inte synda därför att kärleken inte kan synda. Kärleken vill det bästa och gör det som är bäst för den som den älskar. Kärleken kan inte stjäla från eller ljuga för en person den älskar. När du älskar någon kommer du inte att mörda denne. Kärleken uppfyller naturligt och automatiskt lagen. Det är hjärtats ögon som fokuserar på kärleken men det naturliga sinnets ögon (köttets) fokuserar på det som är rätt och fel. Hela syftet med Jesajas liv och tjänst var exakt vad Gud hade sagt till honom: dessa människor är låsta i att se med kunskapens ögon på gott och ont och de kan inte bli botade.

Jesu tjänst

Låt oss nu hoppa fram till Jesu dagar. I Matteus 13 från vers 13 läser vi om Jesus och hur all hans predikan och undervisning också var uppbyggt på samma tema, om att hjärtats ögon och öron måste aktiveras. Han sa:

"Därför talar jag till dem i liknelser, för de ser utan att se och hör utan att höra eller förstå. För dem uppfylls Jesajas profetia. Ni ska höra och höra men inte förstå, och ni ska se och se men ändå inte se, för detta folks hjärta är

förhärdat. De hör illa med sina öron och de sluter sina ögon, så att de inte ser med sina ögon eller hör med sina öron eller förstår med hjärtat och vänder om så jag får bota dem."

Men saliga är era ögon som ser och era öron som hör. Jag säger er sanningen: Många profeter och rättfärdiga längtade efter att få se det ni ser, men fick inte se det och höra det ni hör, men fick inte höra det."

Realiteten är detta. Vi lever i samma situation som Jesaja och Jesus. Människornas hjärtan är *fortfarande* tröga. De är tröga därför att hjärtats ögon har stängts och kunskapens ögon om rätt och fel, korrekt och inkorrekt är öppna.

Styrkan och frukten av fel träd är inte att den består av kunskap om det onda. Den försåtliga kraften av fel träd är att det är kunskap om såväl *gott* som ont! *Vi blir lurade därför att vi tror att kunskapen om gott kommer från Gud.* Hur kan du argumentera mot att göra gott? Låt mig fastställa detta med all tydlighet: bara för att något är "gott" innebär det inte att det behöver vara Gud! Gud håller inte på och väljer det "goda". Guds natur är kärlek och det är vad han sysslar med. Han söker efter kärlek, inte efter vad som är gott!

Så fort du ställer frågan: "Vad säger Bibeln om detta?" eller "Vad är rätt att göra?" eller till och med "Vad skulle Jesus göra?" - visar det att du är i fel träd. Om frågan utgår från fel träd, kommer svaret definitivt att utgå från fel träd. Någon sa till mig en gång angående en synd som hade kommit upp i ett ledarskap i församlingen: "Detta har ingenting att göra med kärlek. Det handlar om sanning!" Det lät absurt för mig. Hur kan något kristet inte handla om kärlek? *Gud* är kärlek! Allt inom kristenheten måste vara baserat på att verka utifrån kärleken. Kärlek och sanning är ett!

Jesus talade i liknelser för att försöka öppna hjärtans ögon. Liknelserna var inte till för att analyseras av sinnet - de kunde bara förstås av hjärtat. Det var hela poängen med Jesu tjänst - att få hjärtats öron att höra, hjärtats ögon att se och hjärtat att förstå. När Jesus talade första gången i synagogan (Luk 4:16-21) läste han från Jesajas bokrulle: "Herrens Ande är över mig för han har smort mig ... *att ge syn till de blinda.*" Jag tror inte att han primärt talar om de fysiskt blinda. Jag tror att han primärt talar om hjärtats ögon. Hans tjänst som han tog emot från Fadern var att öppna hjärtats blinda ögon.

Har du funderat över hur Jesu utvalde sina tolv lärjungar? De var de förkastade så att säga, efter att gräddan av det judiska religiösa samhället hade plockats för att bli tränade i de rabbinska skolorna. Hur valde Jesus de tolv som blev hans närmaste efterföljare? Jesus hade den kapaciteten given av Fadern, att kunna läsa människors hjärtan. Han kunde se dem Fadern hade gett till honom. Det var dem vars hjärtan var öppna för att ta emot den kärlek som Fadern hade för dem. I början av hans jordiska tjänst blev han "nedtyngd" (som några kanske tänker) med en brokig skara män. Några var fiskare, en var en självupptagen skatteindrivare vars fokus var på rikedomar, en var selot (en som förespråkade att våldsamt göra sig av med romarna) - dessa var nederst på samhällets botten.

Jag *älskar* denna sorten av människor. Jag älskar att arbeta med dem som blivit ignorerade och bortstötta. I världen väljer man dem som verkar lovande på papperet. Jag är väldigt glad för det, för då kommer de ur vägen. Nu ser man klart vilka de bortstötta är. Jesus valde dessa som hade ett rätt hjärta och som bevisade det. De flesta av dem slutade sina liv som martyrer. Han gav vidare ansvaret för mänsklighetens frälsning till lärjungarna. Det var ett enormt ansvar. Jesus bar själv ansvaret för mänsklighetens frälsning och när han uppstod från de döda och for tillbaka till himlen, gav han ansvaret vidare till de tolv. Om han inte hade litat på att de i Andens kraft kunde göra detta, vilket hopp skulle vi då haft? Men han hade valt män med goda hjärtan, män vars hjärtans ögon var öppna. De fokuserade inte på rätt och fel utan blev kanaler för Guds kärlek.

Vi måste förstå att evangelium handlar om Guds kärlek. Det handlar inte om rättfärdighet. Kärleken är alltid och utan undantag rättfärdig. Rättfärdighet är frukten, inte kärnan. Församlingen idag kämpar med kärleken. Kärleken mellan individer, ledare och samfund. Många pastorer kan inte lita på unga och blivande ledare. De unga och blivande ledarna har svårt att älska de äldre. Varför har vi sådan kamp med kärleken? Jo, därför att vi inte har erfarit den. Våra ögon har varit öppna för att se rätt och fel och vi har levt våra kristna liv grundat på den värderingen. Alla så kallade kristna konflikter är baserade på och drivs av perspektivet om vad som är rätt och fel, gott och ont. Varje slutsats som kommit från det perspektivet är svagt och bristfälligt då det är baserat på sinnet som inte kan älska.

Det finns en mycket enklare väg: att bli fylld med Faderns kärlek tills den kärleken blir ditt livs uttryckssätt. När du är fylld med hans kärlek kommer du att upptäcka något intressant. Du kommer att inse att du inte längre är intresserad av att synda. Du är inte heller intresserad av att försöka komma på vad som är rätt eller fel. Du vill bara älska och du kommer att inse att kärleken inte kan synda. Guds kärlek kan inte synda. Mänsklig kärlek kan synda men inte Guds kärlek. Guds kärlek är hans natur. Det enda sätt vi kan älska med hans kärlek, är att bli fylld av den. Om ditt hjärtas ögon kan öppnas helt, kommer du erfara hur han älskar dig på ett sätt du aldrig upplevt förut. Hans kärlek för dig förändras inte men din erfarenhet av den kommer att göra det, därför att du kommer att kunna ta emot den i ditt hjärta. Guds kärlek kommer alltid och enbart till hjärtat.

PAULUS TJÄNSTEUPPDRAG

Vi ser att det himmelska mandatet att öppna de blindas ögon fortsätter i aposteln Paulus tjänst. Paulus är troligen den mest betydelsefulla författaren i Nya Testamentet. Personligen tror jag att Paulus, till en viss utsträckning, kan vara viktigare för oss än de tolv, därför att (likt oss) mötte han aldrig Jesus ansikte mot ansikte. Han var inte en Jesu lärjunge i bokstavlig och fysisk mening. På så sätt kom han in i det kristna livet på samma sätt som du och jag. Att bli förblindad på vägen till Damaskus är kanske inte vad du kallar för normalt, men sanningen är den att Paulus blev en troende genom ett möte med den uppståndne Jesus. I det mötet fick Paulus sin kallelse till tjänst.

Om vi slår upp Apg 26:12-18 kan vi se i detalj vad som hände i mötet på vägen till Damaskus. Här vittnar Paulus för Kung Agrippa:

> *"När jag så var på väg till Damaskus med fullmakt och uppdrag från översteprästerna, fick jag under resan, kung Agrippa, mitt på dagen se ett starkt ljus från himlen. Det var starkare än solen och strålade omkring mig och mina följeslagare. Vi föll alla till marken och jag hörde en röst som sa till mig på hebreiska: Saul! Saul! Varför förföljer du mig? Det blir hårt för dig att sparka mot udden. Jag sa: Vem är du, Herre? Och Herren svarade: Jag är Jesus, den som du förföljer, men res dig och stå på dina ben! Jag har visat mig för dig för att utse dig till tjänare och vittne,*

> både till det du sett och till det jag ska visa dig. Och jag
> ska rädda dig från ditt eget folk och från hedningarna.
> Jag sänder dig till dem **för att öppna deras ögon, för
> att vända dem från mörker till ljus och från Satans
> makt till Gud,** så att de får syndernas förlåtelse och en
> plats bland dem som helgats genom tron på mig."

Här kan vi tydligt se att Paulus hade *samma kallelse* som Moses, Jesaja och Jesus. Hans tjänst skulle vara en tjänst som skulle öppna hjärtats ögon så att människor skulle kunna uppfatta sanningen. Detta stycke säger, att om hjärtats ögon inte är öppna och du enbart lever med sinnets ögon, vandrar du fortfarande på Satans väg. Med andra ord, att leva genom vad som är rätt och fel är att leva på Satans sätt.

I Apg 28 sägs detta igen. Paulus hade predikat för dessa människor från Moses och profeterna (v23) angående Jesus. Han hade talat till dem från morgonen ända till kvällen och de gillade inte vad Paulus sade.

> "När de inte kunde komma överens skildes de åt, efter
> att Paulus hade sagt detta enda ord: "Den Helige Ande
> talade rätt genom profeten Jesaja till era fäder när
> han sade:
>
> Gå till detta folk och säg: Ni ska höra men inte förstå, och
> ni ska se men inte inse, för detta folks hjärta är förhärdat,
> De hör illa med sina öron och sluter sina ögon, så att de
> inte ser med ögonen eller hör med öronen eller förstår
> med hjärtat och vänder om så att jag får hela dem."

Paulus citerar direkt från Jesaja kapitel sex. Vi ser här att Paulus predikan handlar om samma sak. Från Moses till Jesaja, från Jesaja till Jesus och nu genom Paulus - syftet med all tjänst handlar om att öppna hjärtats ögon. Det handlar inte om att undervisa föreskrifter och principer, men målet är att öppna de ögon som blivit förblindade - hjärtats ögon. För när hjärtats ögon öppnas, vänder du dig bort från kunskapen på gott och ont till Gud själv.

Kom ihåg vilket ursprung kunskapen på gott och ont har. Den har sitt ursprung i Satans korrumperade vishet, vars ambition var att bli som Gud. Jag talade om detta i föregående kapitel utifrån Hesekiel 28. Satan arbetade utifrån sin korrumperade vishet, vilken kan reduceras till att välja vad som är rätt och avstå från det som är fel. Det är därför jag har sagt att livets träd är en manifestation av Guds natur. På samma sätt är kunskapens träd på gott och ont en manifestation av Satans natur.

Låt mig vara helt tydlig här så att det inte kan missförstås. Det är helt klart fel att göra saker som att köra för fort eller att mörda. Det är definitivt fel. När det gäller de praktiska problemen i livet måste vi ofta välja mellan rätt och fel. Är det rätt eller fel att kliva ut framför en buss? Så klart det är fel! Om du är en läkare eller en sjuksköterska måste du veta vad som är rätt sak att göra. Jag vill i alla fall inte behandlas av en läkare som inte vet hur han medicinskt ska behandla mig rätt. Det finns saker som du självklart vet är fel, men när vi talar om *vår relation med Gud och vår vandring med honom* - har rätt och fel *ingenting* med det att göra. Detta handlar om din personliga, intima vandring med Gud och utifrån denna flödar din tjänst. Du får ingen frid av att göra rätt sak som kristen. Friden kommer genom att du glömmer vad som är rätt och fel och omfamnar hans kärlek. När du tar emot hans kärlek, kommer du bli fylld med den och då kan du inte göra annat än att älska - *och kärleken kan inte synda.*

Det enda sätt på vilket vi kan älska med Guds kärlek är att vara fylld av hans kärlek. Jesus dog på korset för att vi skulle kunna komma frimodigt fram till nådens tron, hoppa upp i knäet hos universums skapare och finna total acceptans i hans armar. När Paulus talar om att bli befriad från Satans kraft och komma till Gud, är det samma verklighet som att vändas från mörker till ljus. Detta är viktigt för mig. När du försöker leva utifrån vad som är rätt eller fel kommer du att upptäcka detta. Ju längre du lever, desto längre blir listan på vad som är rätt och fel. Den har inget slut och är en ständig källa till fördömelse. Det spelar ingen roll hur bra du är, det kommer alltid nya saker som du inte visste om eller inte har gjort ännu. Fördömelse är idag de kristnas största problem, en känsla av att aldrig riktigt vara bra nog. Vi känner oss så fördömda att vi inte ens kan söka Gud för svaren i våra liv utan vi vallfärdar till konferenser där vi kan få personliga, profetiska tilltal. Verkligheten är att ingen är närmare Gud än du. Han bor i ditt hjärta.

Syftet med tjänst

Detta är hur all tjänst kan sammanfattas. Som jag har visat från Skriften har tjänst handlat om att våra hjärtans ögon ska upplysas, ända sedan Edens lustgård. Från Guds perspektiv är det enda målet med evangelium, att hjärtats ögon ska öppnas hos människor så att han kan bli känd. Guds hjärta är att varje sändebud av evangeliet ska ha mandatet att öppna de ögon som blivit förblindade - hjärtats ögon. Som predikant är jag fullständigt medveten om att detta är mandatet som Gud gett mig - att öppna de blindas ögon så att deras hjärtans ögon kommer i funktion. När ditt hjärta blir levande, kommer förståelsen till dig. Jag förstod aldrig att platsen för att ta emot uppenbarelse är i kärleken. Men när du tänker på det blir det så självklart. Ju närmare du är kärleken desto mer kommer du att uppleva från Gud. Varför? Därför att Gud *är* kärlek. När

Kapitel två

du är i harmoni kan du höra från honom. Han talar från hjärtat och uppenbarar sig själv för hjärtats ögon. Förståelse är överlägset kunskap. Kunskap är en biprodukt av förståelse och kärleken ger förståelse.

Ju mer ditt hjärta öppnas, desto mer av Gud får du se och höra, och desto mer blir du helad. Vi har tillbringat åratal med att be för människors inre helande och har sett otroliga känslomässiga helanden ske. Nu önskar jag föra in människor i det flöde där helandet sker kontinuerligt. Du kan ge en hungrig man en fisk eller lära honom att fiska. Vilket är bäst? Jag är mindre fokuserad på att be för personligt helande nu, därför att jag vill berätta för människor hur de själva kan komma in i flödet av Faderns kärlek. När en människas hjärta har öppnats för *hans kärlek,* kommer helande att fortsätta under hela dennes liv.

Jag vill inte sätta mitt hopp till något förutom min glädje i att vandra med min Far. Om du slutar att njuta av den nära gemenskapen, kommer ditt hjärta att slutas igen. Ambitioner, drömmar, produktivitet, mål och strategier kommer då att bli ditt fokus och ditt hjärtas ögon sluts. Som någon sa: "Jag fokuserade så mycket på min vision att jag förlorade min syn". Vi kan få en vision från Gud och fokusera så mycket på den, att vi förlorar möjligheten att se med andliga ögon. Njut av din personliga vandring med Fadern. Gläd dig över hans kärlek till dig. Njut av att han älskar dig. När du gör detta kommer ditt hjärtas ögon och öron att vidgas. Din förståelse av och syn på Gud i ditt liv kommer att växa. Om du talar med andra och hans kärlek flödar över dig medan du talar, kommer de också att erfara den kärleken. Öppna ditt hjärta för att uppleva den medan du talar, så kommer substansen av den kärleken flöda genom dig till dem som lyssnar. Vi kallar det för "smörjelse" men det är bara Gud, som den han är, genom dig.

Jag skriver för att ge dig hopp. Bli inte missmodig om du finner detta i dig. Det är normalt för oss att se med fel ögon. Det är normalt för oss att våra hjärtans ögon är förblindade och ur funktion. Jag lyfter upp det för att demonstrera att ögonen som ser rätt och fel faktiskt inte är kristnas sanna ögon. Om vi kan förstå att det stänger oss inne i fel evangelium, kan hjärtats ögon bli starkare och öppna upp för att se sanningen.

Du kanske funderar på om ditt hjärtas ögon är öppna. Hur vet man det? Allt du behöver göra är att ställa dig själv en fråga - gillar du vad du läser här? Genljuder det i dig vad jag kommunicerar här? Du förstår, om du tycker om det, är det ditt hjärta som gensvarar. Det är ditt hjärtas ögon som är öppna för att uppskatta sanningen i det. Oroa dig inte för hur *mycket* dina ögon är öppna. Bara inse att Gud öppnar dem mer och mer och att han kommer att fortsätta att göra det. Ju mer han öppnar ditt hjärtas ögon, desto mer kommer du att kunna tro och ta emot Faderns kärlek. Motsatsen gäller när vi stämmer in i vad som är rätt eller fel, då blir Faderns kärlek blockerad från våra hjärtan. Den blir blockerad därför att du bara kan se hur ovärdig du är och vad du behöver göra för att rätta till det. Kärlekens flöde hindras. Sanningen är att Gud älskar dig på grund av *hans* natur, inte på grund av att du förtjänat det. Han älskar dig därför att han *är* kärlek. Han älskar dig därför att han skapade dig. Han kan inte låta bli att älska dig. Den enda vägen in i Guds eviga kärlek är genom Jesus, men han älskar dig även om du ännu inte kommit till honom. Gud älskade världen så mycket att han gav sin Son för den.

Detta är en uppenbarelse som fullständigt kommer att fånga ditt hjärta och i tider av svaghet kan du inte förneka verkligheten av vad du har sett. Ditt perspektiv på Gud har förvandlats genom uppenbarelse. Du kan förneka vad du har lärt på ett intellektuellt plan men du kan inte förneka vad du har sett genom uppenbarelse.

Kapitel två

Uppenbarelse är när hjärtats ögon öppnas för att se såsom Gud ser. Uppenbarelse möjliggör för människor att se vem Gud verkligen är och vad det verkligen innebär att vandra med honom.

KAPITEL TRE

Den tredje lagen

~

Den första delen av boken har hitintills utforskat de enorma paradigmskiften som skett i vår vandring med Gud. Insikten om att vi har levt ett liv utifrån fel träd och att våra hjärtans ögon behöver öppnas för att kunna uppfatta verkligheten av vem Gud är, blir den sanna grunden för vårt kristna liv. Uppenbarelsen om Faderns kärlek är en ny grund som står i kontrast till den gamla grunden som kunskap om gott och ont. I verkligheten är det bara en ny grund därför att våra ögon varit förblindade. Livets träd är den sanna grunden för vår vandring med Gud. Att våra hjärtans ögon öppnas är det enda sätt vi kan lära känna honom. Han kan bara kännas genom uppenbarelse. I detta kapitel vill jag skriva om ett annat stort paradigmskifte som jag nyligen har sett.

VAD EVANGELIUM VERKLIGEN ÄR

Efter att ha upplevt denna uppenbarelse om Faderns kärlek och börjat vandra som son, känner jag för första gången i mitt liv att jag förstår vad evangeliet egentligen är. Eftersom jag hade varit kristen så länge skulle man tro att jag förstod vad det handlade om, men det gjorde jag inte. Jag börjar se det nu. Jag undrar om en stor del av den bekännande kristenheten verkligen förstår vad evangelium är. Kristi kropp är full av ärliga och uppriktiga människor. Vi är

Kapitel tre

överväldigade av att möta så många troende som vi haft gemenskap med runt jorden - de liv de levt, vad de gör och vad de har i sina hjärtan. Vi blir ofta förundrade över dessa människor. Vi älskar verkligen Kristi kropp. Men mitt i detta känner jag att många människor lever det kristna livet utan att ha fått tag i vad det egentligen handlar om. För flera år sedan talade Denise och jag till en grupp ungdomsledare på Fiji. Vi talade på ett möte i en hydda med halmtak utan väggar. Taket hölls uppe med hjälp av träpålar. Som talare kan jag känna om människor förstår vad jag säger. Jag ser i deras ögon om jag når dem eller inte. När jag talade häpnade jag över hur lite kunskap mina åhörare faktiskt hade. Många av dem kunde varken läsa eller skriva så jag försökte tala med så enkla ord som möjligt. De flesta av dem hade inte haft tillgång till den nivå av undervisning som vi hade. Jag minns att jag kommenterade till Denise hur förbluffande det var att de hade sådan passion med så lite förståelse. Jag undrade vad de var så brinnande för när de visste så lite. Nu inser jag att det var därför att de hade upplevt verkligheten av Gud.

Under de senaste tjugo åren har det känts som om jag stått i en flod av uppenbarelse. Jag vet inte riktigt vart det är på väg eller var det slutar, men det är underbart och mycket speciellt. En del av uppenbarelsen är slående och samtidens kristenhet kommer att kämpa med den. Vi har vandrat på en ensam väg på grund av detta. När vi tar emot uppenbarelse om något, förlöser det så mycket annat i Skriften. Det är som att placera en pusselbit i ett pussel och plötsligt ser du hur tio andra bitar ska passa in. Det är väldigt spännande, men också ensamt.

Ibland kan du kämpa i åratal med något du läst i Skriften, med ett uttalande eller en grundtanke som du inte får tag i. Jag hade kämpat med ett speciellt avsnitt genom mitt kristna liv (och jag har varit kristen i mer än fyrtio år) men bara nyligen insåg jag vad det betydde. Uppenbarelsen kom inte som en blixt, men det var mer som om det växte fram en förståelse om vad evangeliet egentligen är. När jag började förstå det skakade det om mig rejält.

Avsnittet jag hänvisar till är Romarbrevet kapitel 7. När jag läste det och fortsatte in i kapitel 8, fick jag en uppenbarelse av vad det talade om. Det kändes som om det slöts en cirkel i min vandring med Herren. Jag fick ta emot en otrolig förståelse av något som var helt grundläggande. Jag tar alltid en risk när jag delar en uppenbarelse därför att människor ofta inte förstår vad jag försöker förmedla. Men man kan inte tvinga på människor en uppenbarelse. Människor kan bara ta emot nästa steg. Det finns förståelse som utvecklas genom att uppenbarelsen grundläggs under en lång tid, för att sedan kunna tas emot med en större förståelse. Du kan bara höra eller se det du är redo för att höra eller se. När jag insåg detta, kände jag att jag började förstå Paulus utgångspunkt. Personligen identifierar jag mig mer med andra än med Paulus, men på detta område känner jag att jag börjar förstå hans perspektiv. Detta är spännande. Så låt oss börja med att gå tillbaka till profeten Hesekiel i Gamla Testamentet.

HESEKIELS PROFETIA

Hesekiels bok innehåller en vers som börjat vända mina ögon åt ett annat håll. Den gammaltestamentliga profeten börjar profetera om det kommande nya förbund som Gud ska föra in i världen. Han hade utvalt ett folk, Abrahams ättlingar, till att vara ett vittne för honom inför alla nationer i världen. Detta skulle fullborda hans löfte till Abraham, att alla nationer på jorden skulle bli välsignade genom hans avkomma. Lagen blev given till Moses på berget Sinai, men man kunde aldrig leva upp till den. Lagen är där för att visa dig att den är omöjlig att uppfylla! Profeterna profeterade om en ny dag i antågande och de förutsåg Jesu ankomst. I detta avsnitt från Hesekiel (36:22-28) har vi ett av de största exemplen på förutsägelsen om denna nya dag:

> *"Säg därför till Israels hus: Så säger Herren Gud:"Det är inte för er skull jag gör det, ni av Israels hus, utan för mitt heliga namn som ni har vanärat bland folken dit ni kommit. Jag vill helga mitt stora namn som blivit vanärat bland folken, därför att ni har vanärat det bland dem och de ska inse att jag är HERREN, säger Herren GUD, när jag visar mig helig ibland er inför deras ögon. För jag ska hämta er från folken och samla er från alla länder och föra er till ert land. Jag ska stänka rent vatten på er så att ni blir rena. Jag ska rena er från all orenhet och från alla era avgudar. Jag ska ge er ett nytt hjärta och låta en ny ande komma in i er. Jag ska ta bort stenhjärtat ur er kropp och ge er ett hjärta av kött. Jag ska låta min Ande komma in i er och göra så att ni vandrar efter mina stadgar och håller mina lagar och följer dem. Så ska ni få bo i det land som jag gav era fäder och ni ska vara mitt folk och jag ska vara er Gud."*

Här kan vi åter se sanningen att vi som kristna är kallade att vandra i kärlek, inte genom rätt och fel och inte genom att bedöma oss själva eller andra människor genom rätt och fel. När mannen och hans hustru såg trädet på kunskap om gott och ont, uppfattade de att den var god som föda. Det *ser ut* att vara ett attraktivt sätt att leva. Dessutom ser människor som lever av den frukten bra ut. Vi ser dessa människor som exemplariska kristna därför att vi bedömer att allt de gör är rätt och riktigt. Frukten av trädet ser ut att vara god att äta. Den ser attraktiv ut och de som äter den ser också attraktiva

Den tredje lagen

ut. Det verkar som om frukten gör dig vis. Du kommer att verka vara en person som kan allt det som är rätt. Det verkar faktiskt som om jag blir vis av att vandra längs den vägen. Men haken är att du alltid kommer att vara begränsad av vad *du* tänker är rätt, enligt ditt eget *begränsade perspektiv* av vad helighet innebär. Det du ser beror på din utbildning, men kristet liv bedöms utifrån kärlek.

I Hesekiel 36:26-27 läser vi en kort beskrivning av vad det nya förbundet kommer att innebära när Gud etablerar det. Det är hit du kommer om du lever i Guds kärlek. I kontrast till det gamla förbundet, deklareras här att Gud vill etablera ett nytt förbund.

I kapitel 36:26, ser vi en beskrivning av detta nya förbund. Han säger:

> *"Jag ska ge er ett nytt hjärta och låta en ny ande komma in i er. Jag ska ta bort stenhjärtat ur er kropp och ge er ett hjärta av kött."*

Du måste veta att när Bibeln använder ordet "nytt" används det ofta som utbytbart med ordet "förnyelse."[1]

När Gud säger: "Jag ska ge er ett *nytt* hjärta och låta en *ny* ande komma in i er" gör han ett *försonande* uttalande. Han talar om en mänsklig ande som är *förnyad*. "Stenhjärtat" är samma hjärta som beskrivs i Jeremia 17:9 som "obotligt sjukt". När Gud ger dig ett nytt hjärta, är det ett gott hjärta - inte längre gjort av sten utan av kött. Det är därför vårt hjärta börjar längta efter det som hör till Gud när vi är fyllda med Guds Ande. Då kan Guds Ande leda oss - i våra hjärtan. Gud vill ge oss vad våra hjärtan längtar efter och vi

---

1. *Det hebreiska ord som används här är* chadash *eller* chadashah *(femininum), som betyder "att förnya" eller att göra en "nystart."*

kan då börja vandra i det.

Han förnyar våra hjärtan och vår ande. Därefter lovar han att ge oss sin Ande på insidan. Här kommer de ord som hade en sådan inverkan på mig:

> *"Jag ska låta min Ande komma in i er och GÖRA så att ni vandrar efter mina stadgar och håller mina lagar och följer dem."*

När vi lever vårt kristna liv utifrån trädet med kunskap på gott och ont, är det egentligen inte ett kristet liv. Det är en gammaltestamentlig livsstil av att hålla lagar, men vi gör det efter att vi blivit frälsta. Jag kallar det för "gammal-förbundlig kristendom." Konsekvensen är att vi blir berövade av frälsningens kraft och vad evangeliet egentligen innebär. Genom att göra det som är gott och avhålla oss från det som är ont, är det *vi själva* som *orsakar det*. Antingen låter vi Gud göra så att vi vandrar på hans vägar eller så gör vi det själva - och det är egentligen bara Gud som kan åstadkomma det. Hans väg i vårt kristna liv är att han både är "...vilja och gärning!" (Fil 2:13). Det finns egentligen inget alternativ till att hålla hans bud förutom att han får oss att göra det. När vi är oberoende av Gud blir ansvaret *vårt* eget. Då måste vi ta rätt beslut. Vårt kristna liv har varit motiverat av vår egen förmåga att vara beslutsamma, ha disciplin och forma våra egna agendor.

Herrens löfte genom Hesekiel var att *han skulle göra så att* - detta är essensen av det nya förbundet. Han säger: "Jag ska förändra er motivation och jag ska få er att göra de saker som jag glädjer mig över". Det enda jag kan göra när jag hör det löftet är att ropa ut "Låt mig få det!". Om Gud kan förvandla mig så, är det då inte är min ansträngning eller disciplin som står emot de frestelser jag möter, utan det är Gud som förmår mig att göra det rätta. Han kommer att göra så att jag gör vad han skulle göra. Det vill jag ha!

För flera år sedan sa jag till Herren: "Vad som än krävs, oavsett hur smärtfullt det är, skär bort det som hindrar mig från att vara lik Jesus? Var snäll och gör mig omedelbart Jesus-lik. Jag bryr mig inte om hur ont det gör!". Ingenting hände egentligen som svar på den bönen, för jag förstod inte realiteten av det nya förbundet. Att han skulle *göra så att* jag gjorde det som han skulle göra. Jag insåg inte att detta var evangeliets verkliga löfte - att Gud skulle göra allt!

Paulus utlägg i Romarbrevet

Detta för mig till Romarbrevet 7, ett kapitel som jag verkligen älskat. De första fyra verserna var tydliga för mig. I dessa verser förklarar Paulus hur vi är fria från förpliktelserna i det gamla förbundet så att vi kan komma in i ett nytt förbund i vår relation till Gud. Ur Guds synvinkel var det gamla förbundet som ett äktenskap och kunde därför inte brytas. Jag vet att skilsmässa är mycket vanligt idag och att äktenskapet inte verkar vara lika viktigt i vår kultur, men Paulus metafor om äktenskapet är till för att understryka beständigheten av det gamla förbundet.

Det förbund som Gud ingick med Israel, går tillbaka till Abraham. När Gud ingick detta förbund med Israel, var det från hans sida ett äktenskapsförbund. Det var en överlåtelse som var menad att hålla för alltid för båda parterna. Vi ser detta genom hela Gamla testamentet, speciellt i Hosea bok. Gud säger till profeten att han ska gifta sig med en prostituerad så att när hon är otrogen mot Hosea (vilket hon var) så skulle han veta hur Gud känner det när Israel är otrogen mot honom. Gud jämför sin relation med folket som ett äktenskap.

Kapitel tre

Paulus säger i Romarbrevet 7 att äktenskapet är ett bindande förbund fram till dess att en av makarna dör. Det finns inget annat sätt att bryta förbundet förutom "till dess döden skiljer oss åt". Förbundet fortsätter obrutet så länge som det finns Israeliter, det var givet till Abraham och hans ättlingars barn. Men Paulus säger här att det gammaltestamentliga förbundet inte längre gäller oss. Du kan fundera över hur förbundet bröts. Jag kan tala om hur Gud kom ut ur det. *Han dog!* Förbundet gäller så länge som båda parter lever, men när Jesus dog på korset upphörde förbundet att gälla.

Så kärnan i det gamla förbundet var detta: "Du gör vad jag säger. Håll Mose lag och de tio buden och jag kommer att välsigna dig". När vi lever ut vårt kristna liv ur kunskapens träd på gott och ont, lever vi fortsatt som om vi levde under det gamla förbundet. Då lever vi fortfarande i en överenskommelse med villkor. Välsignelsen blir då endast garanterad om vi gör rätt saker. Jag har observerat att citatet från Josua bok hänger inramat i många hem: "Välj denna dag vem ni vill tjäna, men jag och mitt hus vill tjäna Herren". Med andra ord: "Om du väljer att göra rätt sak, kommer jag att välsigna dig". Det sättet att tänka är gammaltestamentligt. Det är *inte* det nya förbundet.

Kärnan i det nya förbundet är detta: Jag ska lägga min Ande i dig och *göra* så att du vandrar på mina vägar. Detta är helt motsatt det gamla förbundet som säger: "Detta är mina vägar - följ dem!". Det Gamla testamentets överenskommelse lägger ansvaret på *dig*! Öppningsverserna i Romarbrevet 7 uttalar att nu är det gamla förbundet över därför att Jesus dog på korset. En annan speciell sak hände när han dog på korset - *du* dog också! Vi dog *alla* med honom! När han återuppstod från de döda blev på samma sätt hela skapelsen påverkad, därför att skapelsen hålls samman i Kristus genom hans substans (Kol 1:17). Hela skapelsen hålls samman i

Den tredje lagen

Kristus. Vad hände då med substansen som håller den samman när Jesus dog på korset? Den dog. Vad hände när han uppväcktes från de döda? Allt återuppstod med honom.

DET GAMLA FÖRBUNDET ÄR ÖVER

Mitt fokus här är detta. När Jesus dog var det gammaltestamentliga äktenskapet över. Det är intressant att se omfattningen av denna verklighet visa sig genom historien. En kort tid efter Jesu död, blev Jerusalem plundrat av romarna och templet raserades till grunden. Det levitiska prästerskapet slutade fungera och man kunde inte längre hitta några ättlingar till David. Nu var eran av det gamla förbundet över. Jag tänker inte hamna i någon debatt om det judiska folket, men jag vet att när de erkänner Jesus som Messias, är frälsningen öppen för dem på samma sätt som för oss. Utan Kristus finns inget hopp för vare sig jude eller hedning. Frälsningen för alla människor finns endast i honom och Skriften gör det fullständigt tydligt.

Paulus förklarar att den överenskommelse som Gud gjorde med Israel - det gamla förbundet - är över. Kravet att hålla lagen för att kvalificera sig för beskydd och favör gäller inte längre. När Jesus dog på korset bröts den bindande överenskommelsen. Men det är viktigt att inse att lagen fortfarande är värdefull då den är evig. Lagen är evig, men förbundet som band oss till den är tillfällig. Vers 4 summerar allt:

> *"Så har också ni, mina bröder, genom Kristi kropp dödats från lagen så att ni tillhör en annan, Honom som har uppstått från de döda, för att vi ska bära frukt åt Gud."*

Med andra ord, genom Jesu död på korset dog vi från lagen. Vi dog från det gamla äktenskaps förbundet för att vi skulle äkta den som uppstått från de döda. Samma aktörer är inblandade - Gud och mänskligheten, men nu är det ett *nytt* förbund. Det enda sätt han kunde göra detta var genom död och uppståndelse.

Nu vill jag ta tid och understryka några punkter i detta kapitel, därför att det fortsätter att tala om två olika lagar som verkar. Dessa två lagar som verkar i våra dödliga kroppar är Mose lag (eller du kan kalla den Guds lag) och syndens lag.

Förbundet var över men lagen står kvar. Nu när det gamla förbundet är över, innebär det att det inte gör någon skillnad om man håller lagen eller inte för vår relation med Gud. Vi är inte garanterade någon välsignelse för att vi håller lagen längre, men lagen själv är evig. Jesus sa själv i Matteus 5:18:

> *"Jag säger er sanningen: Innan himmel och jord förgår ska inte en bokstav, inte en prick i lagen förgå, inte förrän allt har skett."*

Detta är sant, men det bindande i lagens förbund har brutits. Paulus säger i Romarbrevet 7:7:

> *"Vad ska vi då säga? Att lagen är synd? Verkligen inte!"*

Du förstår, lagen *i sig själv,* är inte dålig. Den är bra. Romarbrevet 7:12 säger till och med att lagen "...är helig och budordet heligt, rätt och gott". Och i vers 14 står det att lagen "är andlig".

Poängen här är att det inte finns något egentligt fel med lagen.

Guds lag

Varför gav Gud då lagen? Vad är meningen med lagen? När lagen gavs hade mänskligheten helt förlorat kontakten med Gud. Det hade gått generationer sedan den första mannen och kvinnan hade lämnat Edens lustgård. Mänskligheten hade nu ingen kapacitet överhuvudtaget att förstå Gud, hans natur eller vägar. Självklart såg människorna Gud som allsmäktig Herre av universum, men utöver det: hur var han egentligen? Det fanns inget sätt att kunna veta det tills han gav lagen. Då och då kommunicerade Gud med individer som Enok, Noa och Abraham, men den stora mänskligheten var totalt aningslösa om vem Gud själv verkligen var. När han gav lagen, gav Gud något som beskrev hans karaktär. De tio budorden gavs för att hjälpa mänskligheten förstå något av Guds natur. Lagen gavs inte primärt som en lista av ålägganden för människan att lyda. Att lyda lagen är den lägsta tolkningen av den. Han tvingades ge något för att mänskligheten skulle förstå hurdan han är.

För några år sedan mediterade jag en del över de tio budorden. "Du ska inte dräpa. Du ska inte stjäla. Du ska inte ljuga, etc.". Jag hade börjat uppleva Faderns kärlek och vidröra något av kvalitén av hans kärlek. En ytlig genomläsning av de tio budorden verkade inte passa in i min uppenbarelse av Guds kärlek. Den hårda tonen i "Du ska inte dräpa!" verkade alldeles för normativt. Detta var ett uttalande av lydnad och uppförande!

På något sätt verkade det inte stämma. Faderns kärlek började bli väldigt framträdande i mitt perspektiv av vad det innebär att vara en kristen. För många år sedan sa Herren till mig: "James, jag vill att du ser över allt du någonsin undervisat. Jag vill att du ser på det igen i ljuset av Faderns kärlek". Hur ser man på de tio budorden i ljuset av Faderns kärlek? Detta började utmana mig och några saker dök upp i min tanke som jag inte hade någon bevis för överhuvudtaget.

Inte så länge efter detta hade vi en samling i Holland. Det fanns en man där som hade judisk bakgrund. Han var en nytestamentlig forskare och hans speciella fokus var att förstå den judiska kulturen på Jesu tid. Hur skulle till exempel en jude höra och förstå några av de saker Jesus sa, i motsats till hur vi idag skulle uppfatta dem? Jag hade en konversation med denna man och sa till honom: "Jag skulle vilja pröva några av de saker jag tänkt på angående de tio budorden. Jag har ett speciellt perspektiv på dem, men kan du sanningsenligt säga mig om jag tagit miste? Har jag helt fel?"

Han tittade på mig och jag fortsatte: "Det verkar som om att när Gud säger 'Du ska inte stjäla' så säger han egentligen 'det finns ingenting i mig som skulle stjäla från någon, så om du vill vara lik mig ska du inte heller stjäla.' Han talar egentligen om sig själv." Och när han säger 'du ska inte dräpa' menar han att "i mig finns ingenting som ens skulle kröka ett hårstrå på någons huvud. Det finns ingenting i mig som skulle döda och om du vill vandra med mig så ska du inte heller döda." Jag var lite orolig när jag sa detta till denna kända judiska forskare.

Han såg mig rakt i ögonen och sa: "James, du har helt rätt!" Det var gott att höra för jag gillar att ha rätt! Han sa att på hebreiska kan man inte yttra renodlade begrepp. Det hebreiska paradigmet hanteras inte med enbart begrepp. Allt är rotat i liv och relationer. Dessa budord är framförallt relationella. Så när Gud säger "Du ska inte dräpa," talar han inte bara om ett bud, han talar om en relation.

De tio budorden var en väg för den fallna mänskligheten att försöka förstå lite om hur Guds personlighet är. Han stjäl inte. Han mördar inte. Han vet vem som är värd att äras. Han ber oss att tillbe honom med hela vårt hjärta, sinne, själ och kraft för det är den fulländade verkligheten. Gud är större än oss - det är dåraktigt att inte ge honom hela vårt liv! Hela vägen genom dessa tio budord (som kallas 'tio ord' på ursprunglig hebreiska) beskriver han sin egen personlighet. När vi ser på (vilket vi gör) de tio budorden så ser vi olika aspekter av Guds personlighet som vi, köttsliga och obildade människor kan förstå. Det är hela poängen!

Men problemet här är att även om du håller lagen så *räcker inte din rättfärdighet*! Varför? Därför att det är inte den rättfärdighet Gud letar efter. Enligt Jesus i Matteus 5:20, är det den rättfärdighet som är *större* än de skriftlärdas och fariséernas. Jag kommer ihåg att jag läste detta för flera år sedan och tänkte - *hur kan detta någonsin vara möjligt*? Jag kan inte, likt Paulus, säga (Fil 3:6) att jag är oklanderlig i att hålla lagen. Paulus egen bedömning var att han aldrig bröt mot Guds lag. Jag vet att jag hade sjunkit långt under hans nivå av rättfärdighet innan jag ens hade fyllt tio år! Jag hade missat det för länge sedan! Det måste finnas något större realitet än detta.

Lagen är andlig, helig och god för den beskriver något av vad Guds personlighet är. På *det* sättet kommer den *alltid* att vara sann och evig.

Syndens lag

I Romarbrevet 7 talas det också om en *annan* lag. I vers 14 och framåt säger Paulus:

> *"Vi vet att lagen är andlig, men själv är jag köttslig, såld till slav under synden. Jag kan inte fatta att jag gör som jag gör. Det jag vill, det gör jag inte, men det jag hatar, det gör jag. Om jag nu gör det jag inte vill, då erkänner jag att lagen är god."*

Kapitel tre

Med andra ord: "När jag läser lagen erkänner jag att den är god - men jag misslyckas om och om igen med att göra vad som är rätt och gott. Jag kan lyckas en eller två dagar, kanske en eller två veckor, men till slut misslyckas jag. Jag kan inte hålla den!" När Paulus säger detta, erkänner han att det pågår en djupare strid inom honom. Som han själv säger: "Jag är köttslig - såld till slav under synden." Han håller med om att lagen är god (v16), men sedan erkänner han att han inte kan hålla den. I sitt innersta jag, önskar han hålla den men synden som bor i honom överträder den gång efter annan. Han fortsätter i vers 17: *"Men då är det inte längre jag som gör det, utan synden som bor i mig."*

För att få fram poängen i detta upprepar Paulus samma uttalande i vers 20:

"Men om jag gör det jag inte vill, då är det inte längre jag som gör det utan synden som bor i mig."

Detta är ett underbart uttalande! Det är underbart för det sätter oss fria från skuld. Det är inte jag som inte kan hålla Guds lag utan synden som bor i mig. När Adam och Eva syndade, var vi alla i dem och vi syndade också. Ibland tänker vi på Adam och Eva i lustgården och önskar att de inte hade gjort det. Jag har tänkt att om de inte hade gjort det skulle jag vara fri, men sanningen är att vi skulle ha fallit i samma fälla som de gjorde. Vi skulle alla ha syndat. Hela mänskligheten blev syndare när Adam och Eva föll. Det finns en dragningskraft i oss som kontinuerligt dras mot synden. Det kallas enligt Paulus i Romarbrevet 7:23 för "syndens lag i min kropp".

Det finns en lag, eller en princip, i våra kroppar. En oåterkallelig tendens i vår mänsklighet som ständigt leder oss i synd. Den finns *inom* dig. Några teologer har sagt att du inte blir en syndare förrän du *begår* en synd, med andra ord är du inte *född* som syndare. Och de säger att när du når "en ålder av ansvarsskyldighet" då ansvarar du för dina val. Efter detta, vid cirka tolv års ålder - om du begår en synd - då blir du en syndare och inte förrän då. Detta synsätt delas av många människor men det finns ett problem med detta. Om det vore sant, måste det funnits åtminstone en individ (förutom Jesus) i mänsklighetens historia, som valt att *inte* synda. Men det finns inte en enda av alla miljarder människor som har levt på denna planet som har valt att inte synda. Om synd handlar om att välja när man kommit in i 'en ålder av ansvarsskyldighet' vad beror det då på att alla, utan undantag, valt att synda? Anledningen är att det finns en dragningskraft i vår mänskliga natur som, om den lämnas till sig själv, inte kan låta bli att synda. Detta är syndens lag.

Dessa två lagar är tydligt definierade i det 7:e kapitel i Romarbrevet. Där finns Guds lag, eller om du hellre vill kalla det för Mose lag eller de tio budorden. Den är god och vi håller alla med om och erkänner detta. Det finns något i oss som älskar denna lag. Det finns något i oss som kräver att alla andra ska leva efter den. Även de mest kriminella i världen, vill inte att du stjäl från dem. De tycker att stöld är fel när *de* blir offren. De stjäler gärna från andra, men vad du än gör, stjäl inte från dem! Majoriteten av de kriminella förväntar sig någon form av rättvisa. Också den som mördar vill själv bli älskad. Generellt kan man säga att en mördare själv inte vill bli mördad. Det finns något djupt inom oss som håller fast vid lagens standard även när vi bryter mot den. Detta är den första lagen. Den är god och helig och ingen tvistar om att detta är sant. I våra sinnen älskar vi lagen men i vårt kött kan vi inte hålla den. Den andra lagen är den som bor "i vår kropp" som inte kan sluta synda.

Jag läste detta kapitel (Romarbrevet 7) om och om igen i åratal och höll helt med Paulus när han säger (v.24): "Jag arma människa!

Kapitel tre

Vem ska rädda mig från denna dödens kropp?" Med andra ord: "jag blir ständigt överbevisad om att jag inte håller lagen, därför att i mitt kött bryter jag mot den kontinuerligt. Vare sig det är i mina tankar eller genom mitt agerande, kan jag inte sluta att synda. Även som kristen fortsätter jag på syndens väg". Vi befinner oss alla i samma båt. Det krävdes ett stort misslyckande i mitt liv för att jag skulle kunna se att trots att jag själv försökt att leva ett gott kristet liv genom att disciplinera mig själv, att göra rätt och inte synda, hade jag inte förändrats på insidan. Att inse att jag fortfarande inte kunde göra mig själv till en bättre människa, att jag fortsatt var en syndare och att all min disciplin bara var en tunn fernissa.

Detta är en av anledningarna varför jag är så emot att placera pastorer, lärare och ledare på piedestaler. När vi har orealistiska förväntningar på dem, sätter vi dem på en plats där de inte har något annat val än att dölja det faktum att 'deras kött' fortfarande verkar i dem. Om vi lyfter upp dem på en plats där standarden för att vara en kristen ledare är att vara perfekt, riggar vi dem för ett oundvikligt fall. De döljer då sina misstag bakom en fasad av att alltid ha allting perfekt på plats! Paulus hade lärt sig att skryta med sin svaghet och sina misstag för att Herrens kraft skulle vara med honom.

När vi lever utifrån kunskapens träd på ont och gott, tror vi att Guds välsignelse är kopplad till gott uppförande och att dåligt uppförande straffas. De som avhåller sig från att göra det dåliga och som uppnår det goda, är då de som Gud vill använda mest. Vi gör så att människor blir väldigt ensamma i sin tjänst och lämnade till att kämpa mot frestelser som är för starka för dem. Jag vet detta genom tidigare erfarenhet.

Vers 22 säger: "I min inre människa gläder jag mig över Guds

Den tredje lagen

lag". I detta sammanhang använder Paulus termen "min inre människa" för att referera till sitt *sinne*. I detta kapitel är "den inre människan" och "sinnet" utbytbara för de innebär samma sak. Paulus säger att han fröjdar sig i lagen och älskar den, men att han ser en annan lag "...i mitt kött som verkar mot lagen i mitt sinne". Du ser här de två lagarna i kontrast mot varandra. Denna andra lag i Paulus kött verkar mot lagen i hans sinne och tar honom till fånga under syndens lag, i hans fysiska kropp med andra ord. Detta är inte 'församlingens kropp' han talar om utan sin egen kropp, sina böjelser och sitt agerande. På grund av vår fallna natur finns syndens lag i våra fysiska kroppar.

När han ropar ut (v24): "Jag arma människa! Vem ska rädda mig från denna dödens kropp?" Hur ska jag komma undan denna fälla? Synden finns i min kropp och jag kan inte vinna över den! Jag älskar Guds lag och jag håller absolut med den! Den är underbar men - jag kan inte hålla den! Detta är det stora dilemmat. Dessutom förvärrade Jesus det genom att säga: "du kanske inte har begått fysiskt äktenskapsbrott men om du tittat på någon annan med lusta i ditt hjärta, är det samma sak!" Jesus sa att om du är arg på någon, gör det dig till en mördare! Detta gör det omöjligt att hålla lagen.

Paulus kämpade med detta fruktansvärda dilemma. Han sa att han inte visste vad synd var förrän lagen kom. Men när lagen kom (v9) "fick synden liv och jag dog". Han var absolut överbevisad om den synd han begick genom syndens lag. Detta är fällan. Vi tror på det som är rätt och gott, heligt och andligt, men finner att när synden verkar i våra kroppar blir det omöjligt att göra det. Lagens riktmärke är omöjligt att nå. Detta är en av de saker som får kristna att bli sittande i kyrkbänken större delen av deras liv. Antingen på grund av desperation eller hoppet om att nätt och jämnt komma till himlen. De är fångade i en fälla som det inte finns någon väg ut från. De tror inte att de kan tjäna Herren för att de är inte tillräckligt heliga. Lagen (kunskapens träd på gott och ont) fortsätter att fördöma dem och därför lever de i en hopplös och glädjelös tillvaro. De leder då ingen till Herren därför att de inte vill leda dem in i samma fälla. Jag kan helt förstå det sättet att tänka. Jag kände mig fångad på samma sätt. Jag kände mig som en eländig människa som inte kunde komma undan dödens käftar.

DEN TREDJE LAGEN

Paulus ropar ut detta ledsamma och kraftfulla rop som så många av oss kan identifiera oss med:

> *"Jag arma människa! Vem ska rädda mig från denna dödens kropp?"*

Jag har också ropat ut dessa ord på många olika sätt!

Därefter gör Paulus ett uttalande som alltid lämnat mig med en känsla av ännu större frustration och otillfredsställelse. Han säger: "Gud vare tack, genom Jesus Kristus, vår Herre!" och så går han vidare.

Mitt gensvar var: "Vad? Har jag missat något? Var är befrielsen från fällan av att vilja hålla lagen men inte kunna motstå att synda?". Hur kan den meningen - Gud vare tack, genom Jesus Kristus, vår Herre - öppna dödens käftar till fällan och låta mig vandra ut i frihet? Jag hade varit kristen i åratal. Jesus Kristus var min Frälsare och Herre men jag var *fortfarande fångad i fällan*. Hur jag än försökte fann jag inget svar i allt detta.

Ett av problemen med Bibeln är att originaltexten har blivit indelad i kapitel och vers. Dessa tillkom under medeltiden, men vi läser Bibeln som om de är en del av originaltexten. Paulus utlägg i kapitel 7 slutar inte i slutet av kapitlet utan fortsätter. När han säger: "Gud vare tack, genom Jesus Kristus, vår Herre" så fortsätter det med "...så finns". Jag trodde att svaret måste finnas i det uttalandet därför att han verkar fortsätta med andra saker.

Säg det en gång till, hur blev han fri? Jag måste ha missat något. "Genom Jesus Kristus, vår Herre"? Det svaret verkade vara för enkelt för mig. Jag tänkte: "Paulus, du måste göra det bättre än så *här*. Det svaret räcker inte för mig. Du måste utveckla ditt svar". Det gör han men det kommer några rader längre ner, skild genom kapitelindelningen till kapitel 8. Kapitel 7 slutar med att visa på de två lagarna: "Alltså tjänar jag själv med mitt sinne Guds lag, men med köttet tjänar jag syndens lag."

Så hur blev han fri? När uppenbarelsen kom över mig, insåg jag plötsligt att DET FINNS EN TREDJE LAG! Denna tredje lag är Livets Andes lag!

I 8:e kapitlets första vers står det:

> "Så finns nu ingen fördömelse för dem som är i Kristus Jesus. Livets Andes lag har i Kristus Jesus gjort mig fri från syndens och dödens lag."

Det finns tre lagar! Det är den tredje lagen som är nyckeln till allt. Den är Livets Andes lag i Kristus Jesus. Detta är lagen som bryter oss loss från att vara fångad mellan de två lagar jag tidigare nämnt. Den tredje lagen står *oöverträffligt* över både Mose lag och syndens lag som verkar mot varandra.

Kapitel tre

Hur fungerar denna tredje lag? Hur verkar Livets Andes lag i oss? När jag först försökte förstå detta, trodde jag att det innebar att vara fylld av den Helige Ande, att han - Guds Ande - skulle ge mig kraften och kapaciteten att hålla Guds lag. Jag antog att den Helige Ande skulle göra det möjligt för mig att göra vad Gud begär av mig. Med andra ord, när du inte är fylld av den Helige Ande kan du inte göra det, men när du *är* fylld av den Helige Ande så har du styrkan att hålla de tio buden. Jag trodde detta. Problemet var att det inte fungerade.

Min fråga blev då - hur kan tungotalet övervinna syndens lag i mitt kött? Hur hindrar det mig från att bli frestad? Hur påverkar det synden att flöda i de andliga gåvorna? Hur hjälper det att be för de sjuka, kasta ut demoner eller till och med uppväcka de döda, att kunna stå emot frestelsen i sitt eget hjärta? Eller att predika under smörjelsen eller tillbe i ande och sanning? Är det detta som gav Paulus seger över synden och kraften att hålla de tio buden?

Jag blev fylld med den Helige Ande inom några månader efter jag blev kristen. Det var över 40 år sedan men jag syndade fortfarande! Jag hade erfarit mycket av den Helige Andes verk i mitt liv men mitt kött frestades fortfarande. Det är därför det blir absurt att tro att en karismatisk upplevelse och livsstil skulle vara tillräckligt för att kunna hantera syndens lag och uppfylla Guds lag. Det är därför att även väldigt smorda ledare fortfarande faller i moralisk synd. Den idén har visat sig att inte fungera. Det är fullständigt uppenbart att köttet fortfarande är starkt. Det har inte funnits någon tredje lag som effektivt har övervunnit frestelser och synd.

Så vad är då denna 'tredje lag'? Det är detta! "Livets Andes lag har i Kristus Jesus gjort mig fri från syndens och dödens lag." Vad är Livets Andes lag? Vi förstod inte detta förrän Jack Winter hade

Den tredje lagen

sin banbrytande uppenbarelse, att Faderns kärlek *kunde överföras*. När vi förstod att Faderns kärlek kunde överföras, förde det med sig en mer djupgående förståelse - att KÄRLEK ÄR EN SUBSTANS. Kärlek är något påtagligt!

Vi som lever och betjänar i denna uppenbarelse behöver ständigt påminna oss om att detta *inte är ett budskap* som vi predikar. Detta är en *uppenbarelse* om kärlek som vi *överför*. Om vi reducerar det till att bara vara ett budskap, blir det bara kunskap. Men kärlek är något påtagligt, den har en verklig substans.

Snälla, förstå att jag inte argumenterar över semantik här. Faderns kärlek är inte ett begreppsmässigt budskap utan en verklig substans.

Faderns kärlek är en uppenbarelse. Det är erfarenheten av substansen när Faderns kärlek flödar in i ditt hjärta. Det är inte bara förståelsen av att han älskar mig. Det är att ta emot substansen av hans kärlek.

Dopet i den helige ande

När Paulus skriver om Andens lag i kapitel 8, fortsätter han från sitt tidigare omnämnande av den Helige Ande. Han nämner bara den Helige Ande *en gång* innan kapitel 8 och det är i Romarbrevet 5:5. Det innebär att när vi talar om Andens lag, är det som det är uttryckt i Romarbrevet 5:5. Där står det: "Och hoppet sviker oss inte, för Guds kärlek är utgjuten i våra hjärtan genom den Helige Ande..." När vi tar emot den Helige Ande är vårt fokus gärna på, till exempel, att tala i tungor. När vi blir fyllda med den Helige Ande får vi kraft att utföra de andliga gärningar som Jesus gjorde, som att uppväcka de döda, hela de sjuka, profetera, kasta ut demoner och ha övernaturlig tro. Vi har förstått att bli fylld av Anden är att få kapaciteten att betjäna som Jesus gjorde.

Men när jag såg versen i Romarbrevet 5:5 tänkte jag tillbaka till den dagen när jag fylldes med den Helige Ande. Sanningen är att jag egentligen inte ville bli en kristen. Som jag då förstod det, ville jag egentligen bara bli fylld av den Helige Ande. De berättade för mig att jag inte kunde bli fylld av den Helige Ande om jag inte först blev kristen. Detta var ett rejält problem för mig eftersom det innebar att jag måste överlåta mitt liv till någon annan att vara Herre över mitt liv. Problemet var att jag ville ha kvar kontrollen. Mitt liv var inte så jättebra men det var ändå mitt och att överlåta det till någon annan var skrämmande. På grund av detta blev det en lång process för mig att överlåta mitt liv till Herren - att låta honom få göra vad han ville under resten av mitt liv.

Trots mina betänkligheter var min största längtan att bli döpt i den Helige Ande. Till slut, efter en process under cirka åtta månader, kom jag till den punkt där jag var redo att ge mitt liv till Herren. Det skedde i bilen på väg hem en sen kväll. När jag vaknade nästa morgon gick jag ut. Himlen var starkare blå och gräset grönare än jag någonsin sett det. Det hade totalt förvandlats på ett ögonblick. Jag hade levt ute i det fria en stor del av mitt liv men när jag nu stod på detta fält, förundrades jag av att se den fantastiska tydligheten av gräset under mina fötter och av himlen över mig. Jag hade en otrolig känsla på insidan. Jag bara visste att Jesus hade kommit in i mitt hjärta. Jag visste utan tvivel att från och med nu skulle allt ordna sig. Jag visste att det aldrig kunde bli som förut, trots att svåra tider oundvikligen skulle komma. Det var en enorm upplevelse för mig och nu visste jag att nästa steg var att bli döpt i den Helige Ande.

Det var ytterligare en lång process för mig. Vid många tillfällen bad människor för mig, för att jag skulle komma till punkten av

Den tredje lagen

överlåten tro och kunna ta emot Anden. Det är en sak att be och tro, det är en helt annan sak att be och vara överlåten det du står i tro för. Det är en sak att be Gud ge dig dopet i den Helige Ande, det är en helt annan sak att vara överlåten till den bönen.

En kväll inför min mor och far, kom den Helige Ande över mig. När det hände blev min far så chockad att han föll ihop i soffan. Hans händer var längs hans sidor, hans ben stack rakt ut framför honom med tårna pekande rakt upp mot taket. Han stirrade på sina fötter med ett chockat uttryck i ansiktet för jag hade plötsligt börjat tala i tungor med jättehög röst. Det var så högt att människor som passerade på gatan utanför måste ha hört mig. Jag föll ned på knä på golvet med tårar strömmande nerför mitt ansikte. Jag grät så kraftigt att mattan blev blöt av mina tårar. Jag tillbad högt genom en kaskad av tungotal - ett övernaturligt språk flödade ut ur min mun. När min far såg detta, föll han i chock ned i soffan.

VAR KOM ALL DENNA KÄRLEK FRÅN?

Mitt i allt detta såg jag tvärs över rummet på min pappa och jag märkte att hans läppar rörde sig. Han försökte säga något. Jag gick fram till honom och höll mitt öra nära hans mun. Han var så chockad att jag inte är säker på att han ens var medveten om att han försökte tala. Jag hörde vad han försökte säga. Om och om igen repeterade pappa dessa ord: "Var kom all denna kärlek från? Var kom all denna kärlek från?"

När jag lämnade rummet var jag upprymd över att jag kunde tala i tungor. Jag tänkte inte på kärlek. Jag förväntade mig inte kärlek. Jag hade inte tro för kärlek. Ingen hade berättat för mig att man upplever att *Guds kärlek* utgjuts i hjärtat genom den Helige Ande. Jag trodde att allt den Helige Ande skulle göra för mig var att hjälpa mig tala i tungor, ge mig smörjelse och övernaturliga gåvor. Jag trodde att dopet i den Helige Ande skulle få mig att se ut som en djup och helig person. Jag trodde att allt handlade om att iklädas kraft. Jag associerade det inte alls med kärlek.

När Paulus skriver brevet till romarna försöker han ge en översikt av hela evangeliet, till människor han aldrig hade mött. I de första åtta kapitlen beskriver han frälsningshistorien: från Adam, floden, Abraham, Israel, omvändelse, till dopet i vatten och mer. Det enda omnämnandet av den Helige Ande i dessa första åtta kapitel är i Romarbrevet 5:5. Och det som ska hända (enligt Paulus i Romarbrevet) när du fylls av den Helige Ande är, att Guds kärlek utgjuts i ditt hjärta. Han nämner inte tungotal. Han nämner inga andra övernaturliga gåvor. Han talar om att Guds kärlek utgjuts i ditt hjärta. Allt annat som vi kan ta emot är resultatet av att den kärlek som utgjuts i våra hjärtan när vi fylls av den Helige Ande.

I samma brev, tre kapitel senare, talar han om Andens lag. Han kopplar ihop dessa två saker. Det främsta resultatet av att fyllas av den Helige Ande är utgjutandet av Guds kärlek i våra hjärtan. Det *är* vad han talar om i Romarbrevets 8:e kapitel. Andens lag innebär inget annat än att Guds kärlek blir utgjuten i våra hjärtan. Det som kan sätta dig fri från syndens och dödens lag *är* Faderns kärlek som utgjuts i ditt hjärta. När hans kärlek utgjuts i ditt hjärta, *kommer den* att sätta dig fri från kraften i ditt kött som driver dig till synd.

När vi ser på Mose lag, ser vi upp mot Gud för att se hurdan hans karaktär är. Låt mig ställa dig denna fråga - väljer Gud att att hålla de tio budorden? Vaknar han varje morgon och beslutar sig för att inte synda? Nej! Han håller buden *automatiskt!*

Du förstår, de tio budorden beskriver hans natur och personlighet för oss. Gud håller inte lagen genom att hålla fast vid några krav eller principer. Buden är till för att hjälpa den fallna mänskligheten som helt förlorat kunskapen om hurdan han är. Galaterbrevet 3:24 beskriver lagen som vår 'övervakare' - som ska föra oss till Kristus. Du var aldrig menad att hålla den. Det var meningen att du skulle iaktta buden och inse att du omöjligen kan hålla dem. Och när du insåg detta, ropa ut "Min Gud, var snäll och hjälp mig!".

Lagen talar om för dig att du inte kan klara det. Det för dig till brutenhet och ödmjukhet. Till att inse att du syndat och brutit mot lagen, vilket får dig att omvända dig och ropa till Gud om förlåtelse. Det var orsaken till att lagen gavs. När vi ser på lagen, ser vi en beskrivning av Guds personlighet. Den stora villfarelsen har varit att vi ska försöka hålla lagen.

Låt mig vara tydlig, vad Gud gjort genom att utgjuta sin Ande i oss är att han utgöt substansen av sin kärlek. Hans kärlek är hans personlighet. Gud är kärlek. Alla andra sidor av hans personlighet är saker som utgår från hans kärlek. Gud är god, Gud är älskvärd, Gud är tålmodig och fylld av barmhärtighet. Han är vår Gud som välsignar oss. Allt vi läser om honom är ett uttryck av kärlek därför att Gud *är* kärlek. Han har alla dessa attribut i sin natur. Han är kärlek - det är hans personlighet.

Istället för att ge oss en befallning i det nya förbundet, har han nu lagt sin personlighet i oss. Själva poängen är denna, att även om vi inte visste vad lagen innehöll skulle vi ändå hålla den när hans kärlek utgjuts i våra hjärtan! Han höll lagen långt innan han skrev ner den! Den är en del av hans personlighet. Genom den Helige Ande utgjuter han sin natur, sin personlighet, i oss! Petrus visste detta när han skrev i 2 Petrus brev 1:4:

Kapitel tre

> *"Genom dessa har han gett oss sina stora och dyrbara löften, för att ni genom dem ska få del av gudomliga natur."*

Detta är Andens lag om vilken Paulus utbrister: "Gud vare tack, genom Jesus Kristus, vår Herre!" Det är därför det inte finns någon fördömelse för dem som är i Kristus Jesus. Att "vandra i enlighet med Anden" är att dagligen fyllas av Guds kärlek. När Paulus uppmanar de troende i Rom 5:18 att vara fyllda med Anden, menar den grekiska texten att vi kontinuerligt ska låta oss fyllas. Det skulle då stå ungefär så här: "Var uppfylld och låt dig ständigt uppfyllas av Anden". Med andra ord, fortsätt att ta emot av hans kärlek till dig! Låt honom fortsätta älska dig. Fortsätt att erfara utgjutandet av Faderns kärlek i ditt hjärta. Fortsätt att leva i Guds kärlek varje minut av varje dag.

Hans personlighet är substansen av hans kärlek. Lagen står fortsatt kvar, den är fortfarande rätt. Men när vi blir fyllda av Guds egen personlighet - som är kärlek - kommer vi runt den och uppfyller den fullständigt, på grund av att lagen får sit uppfyllande av kärleken. Lagen försvinner inte, men Gud har upphöjt oss från den rättfärdighet som är beroende av lagen, till en rättfärdighet i enlighet med hans eget hjärta och personlighet.

Till slut har jag insett detta - att *veta* att han älskar dig räcker inte för att sätta dig fri. Att veta att han älskar dig, kommer inte att befria dig från din köttsliga natur. Det är kärleken *själv* - substansen av kärleken som fyller ditt hjärta - och lyfter dig *över* lagen. Från sin egen kärleks natur formulerade Gud en lag av beteende som kärleken automatiskt producerar. När du är fylld med samma kärlek kommer du *automatiskt* att uppföra dig som honom! Detta är vad Hesekiel 36:27 talar om när han säger: "Jag ska låta min Ande komma in i er och *göra* så att ni vandrar efter mina stadgar och håller mina lagar och följer dem". När du är fylld med Guds kärlek kommer du *automatiskt* att älska din nästa. När du är fylld med Guds kärlek kommer det inte vara möjligt att ljuga, stjäla eller döda. Du *kommer* att hedra din mor och far. När du är fylld med Guds kärlek kan du inte stå emot att älska honom av hela ditt hjärta, sinne, själ och kraft. Du kommer att leva såsom Gud lever.

KÄRLEKEN KAN INTE SYNDA

Fundera över dessa påståenden från Paulus skrifter. Dessa avsnitt talar för sig själva.

Först Galaterbrevet 5:14:

> *"Hela lagen uppfylls i ett enda budord. Du ska älska din nästa som dig själv."*

Därefter från Romarbrevet 13:8-10:

> *"Var inte skyldiga någon något, utom i detta att älska varandra. Den som älskar sin nästa har uppfyllt lagen. Buden: Du ska inte begå äktenskapsbrott. Du ska inte mörda. Du ska inte stjäla. Du ska inte ha begär... och alla andra bud sammanfattas i detta ord. Du ska älska din nästa som dig själv. Kärleken gör inte sin nästa något ont. Alltså är kärleken lagens uppfyllelse."*

Är det inte underbart? Detta talar inte om mänsklig kärlek, att vara vänlig utifrån din egen förståelse och kapacitet, utan att vara fylld av *Guds kärlek* och att älska med *Guds kärlek*. Det är därför det är så viktigt att vara fylld av Gud Faderns substans, som kontinuerligt älskar oss. Verkligheten av att hans kärlek utgjuts in i ditt hjärta kommer att befria dig från synden - därför att *kärleken kan inte synda*!

Gud är kärlek och kärleken kan inte synda. Mänsklig kärlek *kan* synda därför att mänsklig kärlek kan vara extremt självcentrerad, men Guds kärlek kan inte synda. Substansen av hans kärlek som är utgjuten i ditt hjärta, kommer att förvandla din personlighet till Guds personlighet. Detta är Andens lag! Kristendom förenklas till två saker - att renas genom Jesu blod och bli fylld av Guds kärlek. Allt handlar om detta! När vi blir fyllda av Guds kärlek kan vi inte synda, på samma sätt som Gud omöjligt kan synda. Vi har totalt missat poängen med vad kristendom är när vi låter den reduceras till att handla om rätt och fel.

Det känns som om jag upptäckt vad evangelium är. Jag har sett mycket av vad som uttrycks i nutida kristendom under mina resor de sista sexton åren. Efter att ha rest fyrtio gånger runt jorden är min slutsats att den kristenheten som vi känner till, har sin största fokus på kunskapens träd på gott och ont. Sann kristendom, som Gud planerade den, är när du lever utifrån livets träd och genom det tar del av Guds natur och personlighet.

Om du läser detta och tror att jag säger att du måste *tro* på att Gud älskar dig, har du missat poängen. Om du tror att du måste *veta* att Gud älskar dig, har du missat poängen. Du måste *uppleva* att han älskar dig, för när du upplever att hans substans fyller ditt hjärta, blir du fri.

Under många år såg jag bara två olika lagar: Guds lag som var god och sann och syndens lag i mitt kött. Precis som Paulus var jag fångad i kampen mellan de två lagarna. Det tog flera år innan

Den tredje lagen

jag kunde se den *tredje* lagen - Andens lag om livet i Kristus. Jag längtade efter att bli fylld av den Helige Ande och nu, sedan jag har upptäckt den tredje lagen, känns det som om den cirkeln har fullbordats.

När jag först träffade Jack Winter och han talade med mig om att ta emot Faderns kärlek som en personlig verklighet, var min reaktion: "Kristendom handlar inte om kärlek, den handlar om kraft och allt som förknippas med kraft". Jag tyckte att Jack hade missat poängen och överbetonade vikten av att ta emot Faderns kärlek. Problemet var att Gud tydligt hade talat till mig om att vara en 'Josua' till Jack. Jag visste utan tvivel att det var Guds tilltal, så jag la mina åsikter om det kristna livet åt sidan för att bli en 'Josua' åt Jack Winter. Jag hade alltid haft problem med begreppet om kärleken. För mig handlade kristen tro om allt *utom* kärlek.

Efter att ha varit kristen i fyrtio år och haft stor erfarenhet av tjänst, har jag till slut fullbordat cirkeln och kommit tillbaka till dopet i den Helige Ande. Dopet eller uppfyllandet av den Helige Ande är Guds kärlek som utgjuts i våra hjärtan. Vi ser fram emot en tid när Gud kommer att utgjuta sin Ande över hela Kristi kropp. Det blir en uppenbarelse av substansen av hans kärlek in i alla troendes hjärtan.

Detta är evangelium! De goda nyheterna är *inte* att du behöver göra det. De goda nyheterna är att Gud gör det för dig. När Faderns kärlek fyller ditt hjärta kommer du inte ens kunna tänka dig att döma någon annan. Du kommer inte att ha negativa tankar om din nästa. Skriften säger i 1 Petrus 4:8 att kärleken "överskyler många synder". Med andra ord, ser kärleken den andre som Gud skapade dem. Gud ser på dig med absolut kärlek och *kärleken kan inte synda*.

Därför handlar det om att bli fylld med substansen av hans kärlek. I Fatherheart Ministries går vägen till detta genom A-skolorna. Målet för dessa skolor är att öppna dörren för människor att komma in och få uppleva Guds faderskärlek. Vi tror att detta leder till uppfyllandet av evangeliet. Vi tror att evangeliet kan inkarneras i varje troendes hjärta. Vi tror på inget mindre än att Guds natur blir uttryckt i dig och mig. Om detta går utöver vad du kan förstå, ta det lugnt och bara vänta. Faderns kärlek kommer att fylla de troendes hjärtan över hela världen och Guds söner och döttrar kommer att gå ut till varje nation på. De kommer att vara fyllda med Faderns egen natur, förvandla kristenheten och föra fram slutet på denna tidsålder.

Jag kommer att använda de sista kapitlen för att utforska innebörden av detta förändrade perspektiv. Jag kan garantera att när du börjar uppleva Faderns kärlek, när ditt hjärtas ögon börjar fungera igen och du börjar livnära dig från livets träd, *kommer* du att märka skillnaden i ditt dagliga liv. Frukten av Livets Ande kommer att manifesteras i och genom dig. När du tar emot kärleken från Fadern kommer din tro att fungera och producera frukt i dig på sätt som kommer att förvåna dig.

DEL TVÅ

KAPITEL FYRA

Från föräldralöshet till sonskap

~

Ju mer uppenbarelse du har, desto mer kommer ditt perspektiv att förändras. När vi mer och mer lever i en fortlöpande upplevelse av att Gud älskar oss och vi livnär oss av livets träd, börjar våra ögon öppnas till evangeliets verklighet. Hela syftet med kristen tro reduceras då grundläggande till att Jesus dog på korset för att ta bort allt det som hindrar oss från att komma in i ett innerligt liv med Fadern. Målet med kristen tro är att vi kan uppleva det eviga livet som Jesus talar om i Johannesevangeliet 17:3: "... att känna dig, den ende sanne Guden och den som du har sänt, Jesus Kristus". Många människor tänker på evigt liv som linjär tid som fortsätter för alltid men evigt liv är en kvalitet i tillvaron. Det är en substans, den substans som levandegör Gud.

Vi har en begränsad förståelse för några av de stora sanningarna som skriften talar om. Vi har begränsat den Helige Ande till våra egna erfarenheter av övernaturliga händelser. Vi är så inlåsta i våra gamla mönster att när vi hör orden "Guds Ande" klarar vi inte att ändra våra begränsade synsätt om vem han är och vad han gör. Sanningen är att den Helige Ande är den innersta naturen och personligheten av Gud själv!

Från föräldralöshet till sonskap

Ibland behövs en annan terminologi för att väcka oss och få oss att förstå vem den Helige Ande verkligen är. Tänk dig, till exempel, att du tar emot anden från en ek. Hur skulle det kännas? Till att börja med, att ha en ande från en stor ek skulle innebära att stå stilla under en mycket lång tid, kanske tusentals år. Tänk dig att stå genom många århundraden, genom årstiderna, löv som faller, ekollon som bildas... det är kanske hur det skulle kännas att ta emot anden från en ek. Eller tänk dig att ta emot anden från en stor komponist. Till exempel, om något av Mozarts väsen fanns på insidan av dig, skulle du då agera annorlunda? Ta ett ögonblick och fundera på hur det skulle kännas. Du skulle inte behöva försöka agera annorlunda. Det skulle vara naturligt för dig på samma sätt som ett träd producerar frukt, en ek producerar ekollon och Mozart producerade musik. När vi har en annan ande på insidan kommer vi på ett naturligt sätt börja känna och agera som den vars ande vi tagit emot.

En människas ande är essensen av hennes personlighet. Tänk dig nu om du kan, hur det skulle vara när Guds ande kom in i dig. Om hans Ande, den Helige Ande, kommer in i dig, innebär det att hans natur och personlighet blir överförd till dig och inte bara att du kan tala i tungor, kasta ut demoner eller förmedla profetiska ord. Guds Ande på insidan av dig innebär mycket mer än så. Du kanske ser vita fjädrar dala ner från taket eller guldstoft på din hand som några har upplevt. Men låt mig vara mycket tydlig - det är *inte* essensen av Guds Ande. Det kan vara tecken men inte essens. Essensen av Guds Ande är Guds natur och personlighet. Det är *hans* ande! Så när vi talar om att livnära oss utifrån livets träd, talar vi om att vara genomsyrade av Guds Ande. Den helige Ande kallas också för 'Livets Ande' (Rom 8:2). Vilket liv talas det om? *Inget mindre än Guds liv.* Guds egen natur, hans Ande och liv. När den Anden fyller dig får du hans egen natur. Det första som sker när Guds Ande fyller dig är att kärleken fyller dig. Kärleken är nu tillgänglig därför att Guds natur är kärlek och han vill överföra den till dig. När hans kärleks natur fyller oss, kommer kärlekens frukt även att produceras i vår personlighet.

Aposteln Paulus förstod detta. I Romarbrevet 5:5 talar han om den Helige Ande och säger att den Helige Andes huvudsyfte är "att utgjuta Guds kärlek i våra hjärtan". Detta är enda gången han nämner den Helige Ande i Romarbrevet före kapitel 8. Guds kärlek utgjuten i våra hjärtan är en direkt konsekvens av att bli fylld av den Helige Ande. Jag har just börjat förstå denna koppling. När jag först blev kristen, fick jag höra att den Helige Ande bara handlade om kraft. Nu inser jag att det bara handlar om kärlek. När vi talar om livets träd, talar vi om att livnära oss av Gud själv. Att livnära oss av hans uttryckta natur som han utgjutit i våra hjärtan och ande. Vi börjar erfara denna kärlek. Vi börjar bli rotade och grundade i strömmen av hans kärlek som flödar in i våra hjärtan. När detta händer, förvandlas allt som vi upplever att det kristna livet handlar om.

Ett av de grundläggande paradigmerna är vår förståelse av den 'föräldralösa anden.' Jag har skrivit ett helt kapitel om detta i boken *Sonskap*. Enkelt sammanfattat betydde det att Adam och Eva blev faderlösa när de tvingades ut ur lustgården. Genom dem blev också hela mänskligheten avskuren från relationen med Gud, Fadern, och således faderlösa. Mänskligheten infekterades med föräldralöshet. Det är fortfarande mänsklighetens grundläggande tillstånd. Den medfödda fallenheten i det mänskliga hjärtat är faderlöshet. Det spelar ingen roll om dina föräldrar var dåliga, medelmåttiga eller utan fel. Ens uppfostran har utan tvivel en betydelsefull effekt på hur varje människa mår, men jag talar om en mycket djupare verklighet än så som gäller *hela* mänskligheten. Även de som hade en

Från föräldralöshet till sonskap

underbar och kärleksfull relation med sina föräldrar är fortfarande föräldralösa i sin relation till Gud, som är deras *verkliga* Fader. Världens system är baserat på föräldralöshet. Varje kultur och institution i världen är i grunden motiverad av föräldralöshetens ande - av fruktan, girighet, osäkerhet och självupptagenhet.

Denna föräldralöshet har även infekterat församlingens liv. Sanningen är att även om du är född på nytt tar det inte bort denna föräldralöshet. Du kan vara döpt, fylld med Anden och till och med smord till tjänst, men fortfarande ha ett föräldralöst hjärta. Du kan inte driva ut föräldralöshet ur hjärtat. Föräldralösheten är inte demonisk, utan den är det grundläggande tillståndet i det mänskliga hjärtat. Detta är den ande som verkar i olydnadens barn (Ef 2:2). Denna föräldralöshet är så djupt rotad i oss, till den grad att till och med när vi blir kristna utvecklar vi en form av föräldralös kristendom.

Den enda lösningen för en föräldralös form av kristendom är att möta Guds faders- och moderskärlek. Närheten till Fadern som älskar oss, bryter denna föräldralösa form av kristendom. När du kommer in i upplevelsen av Faderns kärlek kommer du att börja se en förändring i ditt liv. En del förändringar kommer att vara dramatiska, andra lite mer svårfångade, men du kommer att uppleva en förändring av värderingar och motiv i ditt hjärta. Du blir ofta överraskad och förstår inte varför djupt sittande värderingar och principer förändras. Du kommer att förlora motivationen för några av de discipliner du som en överlåten kristen har gjort i åratal. Du kan till och med undra: "Vad är det för fel på mig? Jag har ingen glädje längre i att göra de saker jag utfört i åratal och saknar motivationen jag hade tidigare".

När Faderns kärlek vidrör dig, kommer du att inse att Fadern är helt nöjd med dig. Du behöver inte behaga människor längre.

Kapitel fyra

Många människor är helt slut och utbrända för de känner sig tvingade att konstant hjälpa till, men när de tar emot Faderns villkorslösa kärlek blir de fria. Detta kan orsaka problem i församlingen de är involverade i. Jag har besökt församlingar och predikat om Faderns kärlek. Människor har fått tag i den och börjat vandra i livet som söner. Efter detta har jag fått klagomål från pastorer om att människor i deras församling inte är villiga att tjäna längre. Jag hade varit i en församling vid tre tillfällen och hörde sedan inte ifrån pastorn på tre år. En dag kom det sig att jag satt mitt emot honom vid en måltid på en konferens och han berättade varför jag inte fått någon ny inbjudan. "Anledningen till att jag inte bjudit tillbaka dig, är att när du lämnade oss sist var det många av våra volontärer som sa att de inte skulle fortsätta. Det verkar som om en av frukterna av din tjänst är att människor blir lata". Jag tyckte att detta var intressant och svarade: "Lyssna på vad jag undervisar om och se vad jag gör. Jag talar om att komma in i vilan och det börjar hända när du kommer in i upplevelsen av Faderns kärlek". Att vila i hans kärlek blir då en prioritet, hela problemet med strävan börjar försvinna och du vill inte ha det i ditt liv längre. Jag sa att det förvisso hänt mig, strävan är borta men jag är en av de mest fullbokade talarna jag känner. De andra resande predikanterna jag känner säger alla: "James, det räcker att titta på ditt schema för att trötta ut mig!" Så det handlar inte om att bli lat, utan att komma in i Guds vila. Faktum är att det finns en ökad produktivitet i detta.

Sedan frågade jag pastorn: "Varför slutade dina volontärer?" Han svarade: "De ville inte göra arbetet längre." Jag kontrade med: "Varför ville du att de skulle göra saker de inte ville göra?" Han blev förolämpad. Många av de saker vi gör i församlingarna, görs utifrån en känsla av förpliktelse - att man måste göra något i församlingen. Vi känner en plikt att hålla maskineriet igång. Jag tror inte att Gud vill att du ska göra något för honom som inte är ett uttryck av din kärlek till honom. Jag tror att han önskar att vi ska tjäna honom i kärlek och att det vi gör blir vårt sätt att visa vår kärlek till honom. Om någon i din familj gör något för dig för att de känner att de måste är det bra, men det är inte vad du egentligen skulle önska. Du vill att din dotter ska hjälpa dig att dammsuga och att din son att diska för att de älskar dig. Jag tror att detta också gäller i Guds rike. Många av de saker som vi har gjort i kyrkan som ett sätt att tjäna syftet och bygga något för Gud, har inte gjorts utifrån kärlek utan för att hålla oss sysselsatta.

Det finns ett talesätt som säger att en aktiv församling är en lycklig församling. Jag kan tala om för dig hur det fungerar. En aktiv församling är en lycklig församling under en period! Men den dagen kommer (i min erfarenhet) efter cirka femton till arton år av hårt tjänande, när en person börjar utvärdera sitt liv och tänka "Jag gör en massa saker jag egentligen inte har lust att göra". De är fångade i ekorrhjulet och kommer inte loss. Plötsligt inser de att deras hjärta inte finns med i det de gör. Men om en människa som är fri och verkligen har något i sitt hjärta att göra, kommer de att göra det resten av livet och arbetet kommer att utveckla dem och bära evig frukt. Faderns kärlek producerar frihet från hjärtat. Vanligen när en person upptäcker att de offrat åratal för en pastors vision och att de bara gjort detta utifrån en känsla av plikt, skyldighet eller ibland (i några fall) genom manipulation av principer som kan verka andliga - lämnar de helt enkelt församlingen.

Nu vill jag understryka några av de större förändringarna som kommer att ske när Faderns kärlek fyller ditt liv. När din ande börjar vandra med honom som en son eller dotter, kommer dessa förändringar att ske med dig och du inser att "det är verkligen vad som händer med mig!"

Kapitel fyra

FRÅN TJÄNARENS LYDNAD TILL HARMONIN SOM SÖNER

En av dessa förändringar är såklart sättet vi ser på Fadern. För de flesta av oss har vår enda upplevelse varit den *föräldralösa* sortens kristendom. Det innebär en kristendom som inte haft en kunskap om Faderns kärlek som en upplevelse. Denna kristendom har en verklig relation med Jesus som Herre, konung och brudgum. Dessa relationer kan naturligtvis vara mycket, mycket starka men det är bara Fadern som kan ta bort vårt föräldralösa hjärtat. En broder kan inte göra det. En broder innebär bara att vi är föräldralösa tillsammans. Det är uppenbarelsen av Fadern som tar bort föräldralöshetens ande.

Ibland säger folk till mig: "Jag känner verkligen Fadern, jag har mött och upplevt Fadern", men jag ser in i deras ögon och vet att de bara har en teologisk förståelse av honom. Den kände bibellärare Derek Prince berättade hur han trodde att han hade en relation med Fadern eftersom han kunde predika om Fadern och hade kunskap om Skriften. Senare i livet insåg han att man kunde komma in i en upplevelsefylld relation med Fadern och att den relationen tar bort föräldralösheten. Det är den relationen som kommer att föra dig in i en helt ny upplevelse av det kristna livet.

Generellt talat har Gud Fadern varit en person långt borta från oss. Vi har haft en uppenbarelse om Jesus när vi blev frälsta och en uppenbarelse av den Helige Ande i Andens dop. Detta är den tvåbenta pall på vilken vår kristna tro baserats. Utan en hjärtats relation till Fadern, kommer han att förbli okänd för oss. Han kommer att vara en okänd person och vi behandlar honom därefter. Sanningen är den att du inte kan bryta dig loss från ett kristet liv baserat på tjänande förrän du har en verklig upplevelse av Fadern.

Den upplevda relationen kommer att föra dig från att vara en tjänare, till verkligheten av att vara en son.

Innan du tar emot en hjärtats uppenbarelse av Fadern är det som om han är en mästare, en befälhavare och en domare. Som en konsekvens av detta blir vår kristna tro fokuserad på att lyda befallningar. Då handlar vår vandring primärt om att höra Guds röst och utföra vad helst han säger. Vi relaterar till Jesus men Fadern förblir okänd för oss. Fadern är en okänd person långt borta som vi endast känner som ett begrepp. Vi kanske till och med kan höra hans röst om vi lär oss detta, men det är en avlägsen relation med honom som en befälhavare vi måste lyda. Hela vårt andliga liv består av att fokusera på att höra och utföra order. Lydnaden är den centrala punkten i den föräldralösa kristna tron!

När vi upplever honom som Fader förändras något. Istället för lydnad fokuserar vi nu på att vara i harmoni med honom. Du kan inte vara i harmoni med någon som du inte känner, men när du börjar känna honom sker en förändring i dig. Det blir inte längre lika viktigt att höra hans befallningar, istället blir det betydelsefullt att han är nöjd med dig och att du vilar förnöjd i hans kärlek. Fruktan och kraven faller bort. Tvånget att utföra hans vilja dominerar inte längre utan ändras till en önskan att följa hans vilja utifrån kärlek. Att känna vad han önskar, får oss att vilja göra det. Detta är en son som lever i harmoni med sin Fader.

Låt mig göra ett uttalande som kommer att chockera dig! *Det handlar egentligen inte om lydnaden för en kristen.* Detta kanske chockar dig men faktum är att Gud inte vill att du vandrar i lydnad hela ditt liv. Varför säger jag detta?

Lydnaden är inte absolut, den är relativ. Lydnaden blir bara relevant när du inte har lust att göra det du blivit tillsagd eller ombedd att göra. När någon säger åt dig att göra något du inte har lust med, då träder lydnaden in. Om jag skulle säga till dig: "jag vill att du ska stå på huvudet en timme" och du inte ville göra det, skulle det vara en lydnads handling om du gjorde det. Det skulle vara av ren lydnad, för du skulle inte få ut något av det. Du skulle bara göra det av lydnad. Men om jag sa till dig: "gå till affären, köp en glass och ät den" skulle det vara något helt annat. Då behövs ingen lydnad. Du skulle tycka om att gå och köpa en glass och äta den. Lydnad krävs bara om du inte vill göra det du ombeds att göra.

När vi först kommer till Herren är våra liv långt från Guds önskan för oss. Vi är så vana vid världens sätt, att när vi ser Guds krav för våra liv är vår första tanke: "Oj, det har jag aldrig tänkt på. För att klara det måste jag sluta göra detta. Nu har jag ett val och för lydnadens skull ska jag göra det". Men när tiden går och vi kommer in i gemenskapen med Fadern börjar hans hjärta bli vårt hjärta och nu gör vi inte längre hans vilja utav lydnad, utan för att vi vill och tycker om att göra det. Så istället för att göra något utifrån lydnad gör jag det nu av glädje.

Han leder oss till den plats där vi i glädje gör vad helst han ber oss om. Jesus sa: "Jag har mat att äta som ni inte känner till...min mat är att göra hans vilja som har sänt mig och att fullborda hans verk" (Johannes 4:31-34). Jesus gladde sig åt att göra Faderns vilja. Det närde och stärkte honom som mat gör för den fysiska kroppen. Så länge det finns en föräldralöshet eller en fallen del i oss, kommer lydnaden fortsatt vara en utmaning för oss. Det finns delar av oss som inte vill göra det Gud ber om på vissa områden, speciellt när vi bryter ned syndens och köttets fästen. Lydnad har sin plats men det han i slutändan söker är inte att vi ska vara lydiga i all evighet eller ens i detta liv, utan att våra hjärtan blir förvandlade till att bli som hans hjärta. Jag gläds verkligen över att göra det han gläds över att göra. Det handlar mer om att jag rör mig i harmoni med honom än att jag lyder honom.

Glädjen i att behaga Fadern kan bara komma från en son, därför att bara en son kan vara lik sin far. När vi kommer in i sonskap börjar något förändras på insidan av oss där livet inte längre handlar om lydnad, utan om att vara i harmoni med honom.

Istället för att jag avsätter tid för bön finner jag nu att mitt hjärta ständigt kommunicerar med honom. När jag var en ung kristen sa någon till mig: "Nu när du är kristen, måste du ha en bönestund varje dag". Det sorgliga med detta var att ända fram tills dess hade jag varit i bön nästan hela dagarna. Så när den personen sa att jag måste avsätta särskild tid för bön varje dag, kunde jag säga till mig själv att "åh, jag har inte bett ännu!" Jag började bekymra mig över en specifik böne-disciplin och förlorade hjärtats bön som redan fanns inom mig. De människor som speciellt skapade problem för mig, var de som sade att John Wesley predikade dagens första predikan klockan fem varje morgon och att vi därför skulle vakna tidigt för att be. Vad de inte visste var att han gick till sängs klockan åtta varje kväll! De människorna tog ifrån mig min glädje och frihet som nytroende genom att tvinga på mig ett system för bön.

När du börjar växa i sonskap kommer du att utveckla ett *hjärta* för bön istället för att systematiskt avsätta tid för bön varje dag. Sanningen är att Gud inte bara önskar stunder av bön. Om han bara ville ha andaktsstunder, om det var målet i andlighet, skulle det vara absolut omöjligt att lyda Skriften som säger "be oupphörligen". Den förmaningen talar inte om hur många gånger vi ska be utan om att ständigt ha våra hjärtan i hans närvaro. Att ha ett hjärta som är medvetet om honom och som konstant är i bön. När du lär

Kapitel fyra

känna Fadern kommer du att upptäcka att ditt hjärta sträcker sig till Fadern när du tänker på honom. Du utvecklar ett hjärta av bön. En kvinna sa till mig: " Jag känner inte för att hålla på med min bönestund längre, det känns jobbigt och jag verkar ha förlorat den disciplin jag tidigare hade". Hon oroades över detta och mitt svar till henne var att "kanske håller du på att bli fri från lagiskhet". Hon höll på att bli fri från ett system av andakter så att hennes hjärta skulle kunna vara i ton med Herrens hela tiden.

När jag började uppleva Faderns kärlek, upptäckte jag något extraordinärt om Gud - att Gud älskar att utveckla en relation som är fullständigt unikt anpassad till oss som individer. Han vill relatera till dig enligt din egen personlighet. I den föräldralösa kristendomen finns där alltid en press att ha en likartad relation med Gud som några av de stora ledarna i kristenheten eller de tidiga troshjältarna. Många unga troende går på praktiktjänst för att försöka lära sig mönstret av någon annans andlighet. Jag har upptäckt att Gud relaterar till mig som en jägare från Nya Zeelands bergsområden. Jag är inte pratsam som en del andra människor är. Vi går över kullarna i dagar tillsammans utan att säga mer än några ord, vi bara lyfter ett ögonbryn eller byter ett ögonkast med varandra. Gud relaterar till och med dig i varje mänsklig detalj. Jag har blivit väldigt bekväm med Herrens närvaro och han kommunicerar med mig i enlighet med den jag är.

DET ÄR SATAN SOM ÄR INKRÄKTAREN PÅ JORDEN - INTE VI!

En annan intressant skillnad mellan livet i sonskap och en föräldralös kristendom är det följande. Många människor ser att världen och (i synnerhet) vi kristna, har denna fiende som utgör ett stort problem för oss och att vi därför måste vara på vår vakt hela tiden. Tankesättet är detta: " *Vi lever i en fientlig omgivning. Det är en strid och ett krig som måste vinnas. Vi måste övervinna Satan och kasta ut honom. Vi är i ett krig, vi är soldater och har en kamp framför oss och är involverade i denna mycket allvarliga strid!*"

Många människor har detta synsätt och därför använder vi stor del av vår tid till att lära oss om andlig krigföring. Det finns ett överflöd av kristen undervisning och resurser som är fokuserade på andlig krigföring. Vad vi hela tiden missar är att striden är över! Vi är inte bara övervinnare, utan vi är *mer* än övervinnare! Vi lever inte på ett stridsfält. Vi lever i Faderns kärlek och *Satan* är inkräktaren, inte vi! Att inkräkta innebär att vara någonstans man inte har rätt att vara. Sanningen är att vi har all rätt att vara här på jorden. Denna värld tillhör vår Pappa och vi hör hemma här.

En gång pratade jag med en pastor om resor i tjänsten och han frågade om jag hade varit i Amsterdam någon gång. Jag svarade att ja, jag har varit där. Han sa: "Jag hatar den platsen! Det är en ond stad. Det är den mest onda platsen på jorden!" Han fortsatte: "närhelst jag måste landa i Amsterdam eller åka igenom Amsterdam, kan jag inte komma iväg därifrån snabbt nog! Den staden är full av ondska!" Jag tänkte då för mig själv: *"Jag har varit i Amsterdam många gånger och har tyckt om det. Denise och jag har vandrat i olika delar av staden och åkt kanalbåtarna. Jag har faktiskt uppskattat det"*. Så jag frågade honom vad han menade när han sa att han hatade staden. Han svarade: "Det finns narkomaner i alla gränder, det säljs droger i affärerna och det sitter prostituerade i fönstren. Staden är full av ondska. Några av affärerna är fulla av demoner!" Jag tänkte för mig själv att *jag måste ha varit okänslig men jag har gått in i många affärer och har aldrig sett några demoner där!*

Nästa gång jag kom dit tänkte jag på hans kommentarer, så jag kikade efter det han refererade till. Efter ett tag såg jag en kille sitta i en gränd. Jag hade aldrig funderat över att han kunde vara en narkoman. Jag gick in i några affärer och la märke till några varor på hyllorna som jag inte lagt märke till tidigare och tänkte att *det är konstiga saker att se*. Därefter såg jag att man kunde köpa marijuana från hyllan. Jag är inte naiv, jag vet att det finns prostituerade i fönster på vissa platser men jag såg inga. Den verklighet jag lever i är att "..större är han som är i mig än den som är i världen."

Vi behöver inte frukta fienden. Vår plats är att vandra nära Gud och då tar Gud själv hand om allt detta, om vi bara håller oss nära honom. Men om du tror att du med *nöd och näppe* klarar att möta och övervinna demoner, kommer du att möta några intressanta skärmytslingar på grund av att du ger dem styrka genom dina tvivel. Men när du tror på att striden *redan* är vunnen och att du är mer än en övervinnare genom honom som älskar dig, får du friheten av en övervinnare och vandrar i hans triumftåg. Då kommer du att bära Herrens segerrika hållning i ditt hjärta varhelst du går. 1 Joh 4:17 säger: *"För sådan han är, sådana är också vi i den här världen"*. Satan är inte *vår* fiende - vi är *hans* fiende!

Jag kommer ihåg en man som sa till mig en gång: "Om du känner att djävulen attackerar dig beror det på att din rättfärdighet trycker ned honom och då slår han tillbaka". Det är inte han som initierar, utan Kristi rättfärdighet som finns i dig tränger honom och då slår han tillbaka. Ett vilt djur som fångats i en fälla visar aggressivitet, men det är för att de är på defensiven och slåss för sin överlevnad. Det är så Satan är. Vår ställning som söner beror på att denna värld tillhör *Fadern*. Vi ska vara här - det ska inte Satan!

För några år sedan talade jag i en liten kyrka i Polen. Detta var första gången jag var i Polen. Jag var inbjuden att tala i en församling med några hundra medlemmar. Pastorn var kvinna, vilket är ovanligt där. Polen är ett katolskt land som starkt företräder ett maskulint ledarskap i kyrkan. Pastorn behövde ta hand om några saker så jag stod där själv i väntan på att gudstjänsten skulle börja. Då la jag märke till en äldre kvinna som kom rakt mot mig. Eftersom det inte fanns någon värme i rummet bar hon, som alla andra, en tjock kappa. Med ögonen fixerade på mig trängde hon sig genom folket. Jag iakttog henne och funderade på vad som skulle hända. Hon kom rakt fram till mig, slog mig på axeln och sa: "jag gillar inte dig!" Det var minst sagt intressant. Jag visste att det inte handlade om att hon inte tyckte om mig, eftersom hon var en främling, och jag är väldigt älskvärd! Jag visste att det måste handla om något annat. "Varför det?" frågade jag. "Vad är problemet?" Hon svarade: "detta är min kyrka, jag har gått hit i hela mitt liv. Du har bara varit här i fem minuter och ser ut att höra mer hemma här än jag någonsin känt mig". Hon var förnärmad.

Jag visste inte riktigt hur jag skulle gensvara men sa till henne: "Detta är min Faders hus". I verkligheten *är* Polen min Faders land. Det tillhör honom. Faktum är att varje nation tillhör min Fader. Bli inte för patriotisk. De största nationerna i världshistorien är bara som dammkorn i evigheten. Vi är en del av Guds rike men *denna värld* tillhör vår Fader. Förr brukade jag försöka se var jag passade in. Nu passar jag in överallt, för allt tillhör min Fader och varhelst jag befinner mig är hemma för mig. Detta är vår Faders värld. Det är Satan som är på fel plats. Vi får aldrig tillåta oss själva att tro att han har makt eller att han har några rättigheter över våra liv.

Smith Wigglesworth var en av de större männen under det förra århundradet. Han var mäktigt använd i tecken och under och hade en mycket nära relation med Herren. En natt vaknade han och fann Satan stående vid fotändan av sängen. Inte en demon, utan Satan själv! Jag antar att en man i hans position på den tiden drog till sig Satans uppmärksamhet. Han vaknade, såg upp och där stod Satan. Vad gjorde han då? Han sa: "åh, det är bara du!" Därefter vände han sig om, fortsatte att sova och lät Satan stå kvar där. Han kände inget behov av att tillrättavisa eller kasta ut honom. Han sa bara "det är bara du!" Det mest kraftfulla sätt du kan bemöta någon på är att ignorera dem.

Vi står i den seger Kristus vunnit för oss på korset. Om vi tror att vi ständigt är täckta av Jesu blod, behöver vi inte alltid proklamera detta! Bara tro det och vandra i det! Att du känner det nödvändigt att ständigt proklamera ut det visar bara dina tvivel. Det är vår tro som besegrar världen, men om du tror att vi står mitt i striden så kommer du få strid. Allt i enlighet med din tro. En föräldralös andlighet fastnar i dessa saker. När du börjar röra vid Faderns allsmäktighet, börjar fiendens makt att förminskas.

Vi kände en dam som var förebedjare och som hade varit involverad i andlig krigföring under många år. Hon mötte sedan Fadern och när tiden gick började hon oroa sig över sig själv. Hon sa till oss: "Jag är inte så engagerad i förbönen längre på det sätt jag var innan jag mötte Fadern." Låt mig vara tydlig med att jag inte är emot förebedjare eller andlig krigföring. Vi har förebedjare i vår egen tjänst. Jag pekar på en speciell sak här. Denna dam sa att hon förlorat intresset för andlig krigföring *på det sätt hon gjort det tidigare*. Hon sa: "Jag undrar om jag förlorat min iver för denna tjänst?" Jag svarade: " Jag tror att du kanske växer i din tro. Att du växer i förståelsen av vem du är som den allsmäktiges Guds dotter." Vår plats som förebedjare är att bli stående. Det är vad översteprästen Josua gjorde (Sakarja 3:1-5). Satan stod bredvid honom för att anklaga honom, men Josua stod bara där och Herren tillrättavisade Satan. Låt mig säga till dig att om du är i Faderns närvaro, kommer du att förstå att Satan *redan är* tillrättavisad.

FRI FRÅN LAGAR OCH PRINCIPER TILL ATT VANDRA I ANDEN

En annan sak förändras när vi lär känna Fadern. Den föräldralösa kristna tron älskar lagar. När vi inte kan ledas av kärlek, försöker vi hitta en annan väg. Vi söker en formel som vi kan leva vårt kristna liv efter. Idag har många böcker en lista i slutet av varje kapitel med steg att ta för att gensvara till det du har läst. Jag brukade läsa alla kristna böcker jag fick tag i men nu läser jag bara Bibeln. Det finns alldeles för mycket uppenbarelse i Skriften att ta till sig för att ha tid för andra böcker.

Mycket av tonvikten i kristenheten idag handlar om att vandra i Guds principer. Jag kommer ihåg den lilla kyrka vi tillhörde när vi blev frälsta. Den befann sig i en underbar väckelse av Anden. I början på varje gudstjänst inbjöd en av de äldste den Helige Ande att komma, därefter satte han sig ned och väntade. Ingen gjorde någonting förrän den Helige Ande initierade det. Den Helige Andes närvaro var så kraftfull att om du ställde dig upp för att göra något som inte var i Anden, började dina knän att skaka, din röst att darra och du föll ned på golvet. Närvaron av den Helige Ande var så kraftfull och påtaglig. En dag, och jag minns detta tydligt, ställde sig en man upp och började tala om att *vandra i Guds principer.* När jag lyssnade till den predikan visste jag i mitt hjärta att väckelsevägen var över. Du förstår, Guds principer *finns*, men vi vandrar inte i dem. Vi vandrar i *enlighet* med dem, inte i dem!

Vi vandrar i Anden och Anden leder oss *alltid* på Herrens vägar. Den Helige Ande kommer aldrig att leda dig utanför Herrens vägar. Låt mig vara tydlig. Bara för att du vandrar som Bibeln säger är rätt, innebär det inte att du automatiskt vandrar i Anden! Det är som matematikens princip att 1+1=2 men 2 är inte alltid 1+1. Du kan komma fram till 2 genom oändliga beräkningar men 1+1 kan aldrig bli något annat än 2. Att vandra i Anden kommer alltid att leda dig i enlighet med Guds ord, men att vandra i lydnad till Guds ord innebär inte att du vandrar i Anden. Detta är oerhört viktigt att du förstår! Det finns något i vår föräldralöshet som gör att vi alltid vill ha struktur och definitioner som visar hur vi ska leva. Gör detta, gör inte det där! Vi är rädda för att inte ha begränsningar och bestämmelser för vårt agerande. Vi vill veta vad vi får och inte får göra.

Den föräldralösa kristendomen är alltid fokuserad på var gränserna finns, vad jag är tillåten och inte tillåten att göra. Gud vill faktiskt inte att vi ska leva så utan han vill sätta dig fri. När vi lär känna Faderns kärlek och verkligheten av hans kärlek växer i oss, upptäcker vi att vi kan vandra i enlighet med kärlekens lag och att det inte finns någon lag mot detta. Om du vandrar i kärlek behöver du inga begränsande parametrar runt dig. Varför? Därför att du *kommer* att uppfylla lagen om du älskar! Guds lag är att han har lagt sin kärlek i våra hjärtan så att vi kontinuerligt kan vara ledda av den kärleken. Gud är Ande och han vandrar i kärlek. Dessa två är synonyma. Det är det samma för oss. När hans kärlek fyller oss genom Anden så kommer vi också att vandra i kärlek.

I 1 Korintierbrevet 14:1 står det: "Sträva efter kärleken". När vi vandrar i kärlekens lag, ter sig strävan efter att uppfylla Guds principer småaktigt och enfaldigt. Ibland blir det så uppenbart dumt! Jag glädjer mig över varje människa i världen som hör mig uttala detta! Gud kallar oss till att vandra som Jesus vandrade. Genom att göra det uppfyller vi lagen. Jag stjäl inte från dig om jag vandrar i kärlek. Inte främst för att det är fel att stjäla eller för att jag fruktar konsekvenserna. Anledningen till att jag inte stjäl dina tillhörigheter är för att *jag älskar dig*. Det är min motivation att hålla lagen, inte att det är Guds lag och rätt sak att göra! Jag kan garantera att inte många människor i rättssalarna är fyllda med kärlek till de människor de syndat mot!

När du älskar, kommer du automatiskt att uppfylla lagen. Du kommer att vara vänlig. Du kommer att vara mild. Du kommer att vara tålmodig och trofast. Du kommer att vara fylld av glädje. Du kommer att vara fri!

FRÅN SJÄLVRÄTTFÄRDIGHET TILL ÄKTA HELIGHET

I vår föräldralösa kristenhet är vi väldigt fokuserade på att försöka vara heliga. Det talas mycket om helgelse dessa dagar och det finns ett flertal sånger om helighet. Vet du vad 'helig' betyder? Det betyder bara 'annat än.' Vi tror vanligen att helighet innebär att alltid göra rätt saker och att leva sitt liv på ett korrekt sätt. Helighet betyder faktiskt att vara annorlunda än världen och världens system. Att Gud är helig innebär då att det inte finns något i världen som kan jämföras honom med. Han är olik allt annat i den.

Sanningen är att helighet är väldigt svårt att definiera då endast Gud är helig. Ändå befaller han oss att bli heliga, och i vår andliga föräldralöshet lägger vi stort fokus på att försöka bli heliga. När jag blir en son innebär det att jag är mindre fokuserad på helgelse och istället längtar jag efter att bli som min Pappa. Jag vill älska som honom, tänka som honom, agera som honom och känna som honom. Som hans son vill jag se det han ser och förstå som han förstår. Jag vill bli lik honom. När det står: "Du ska vara heliga såsom jag är helig", betyder det egentligen "Du ska vara heliga därför att jag är helig och när du kommer närmare mig, kommer min

Kapitel fyra

helighet bli ditt liv"! Rättfärdighet är inte något som du åstadkommer. Rättfärdighet är en gåva. Enligt 1 Korinthierbrevet 1:30 har Gud gjort Jesus Kristus till rättfärdighet för oss. Han har blivit vår rättfärdighet *och* vår helighet. När vi blir lika honom blir vi heliga.

En religiös strävan efter rättfärdighet och helighet byts mot en sons längtan efter att vara lik sin pappa. Det handlar inte så mycket om att stå emot synd, utan om en längtan att vara som Fadern. Det är en stor tragedi att många människor har kämpat hela sina liv för att försöka sluta synda. Ju mer du kämpar mot synden, desto starkare grepp får den över ditt liv. Du blir som det du fokuserar på. Det är som att fastna i kvicksand. Ju mer du kämpar för att bli fri, desto djupare sugs du ner. Det är detsamma när du kämpar mot fienden. Ju mer du fokuserar på kampen mot fienden, desto större syns han vara och din negativa tro gör honom starkare. Herren vill inte att du ska kämpa mot synden. Självklart menar jag inte att du ska synda, men att svaret inte är att du ska kämpa mot den. Det riktiga svaret är att överlåta dig till Gud och längta efter att bli mer lik honom. Så istället för att du gör dig av med det negativa, bygger du det positiva och det kommer till slut att överglänsa det negativa.

FRÅN FÖRDÖMELSE TILL NÅD

Ett av de stora problem som en andligt föräldralös person har att jobba med är att de tror att om människor inte tycker om dem beror det på de saker som är fel med dem. Deras första respons är: "Det är mitt fel - jag är problemet". En andligt föräldralös person försöker ofta dölja sina svagheter eller låtsas att allt är bra. De gömmer sig bakom en mask lik den person de önskar att du ska tro att de är.

Med det tankesättet blir min bristfällighet min fiende. Faktum är att bristerna kan bli en allvarlig fiende. Vi tänker att: *"Om jag bara kunde bli av med mina fel, då skulle alla älska mig"*. Men dilemmat är att vi inte kan bli av med dem. Vi kan dölja dem eller leva på ett sätt så att de inte syns. Vi tror att det är våra fel och brister som hindrar oss från att få den kärlek vi behöver. När vi lär känna Faderns kärlek händer något underbart. Mina svagheter blir nu oviktiga, istället för att vara min värsta fiende.

Ju mer vi lär känna Fadern, desto mindre problem blir våra brister. Vi kan till och med ståta med våra svagheter. I den andligt föräldralösa kristenheten döljer du din svaghet. Som konsekvens av detta kommer inte andligt föräldralösa ledare att tillåta att någon i församlingen verkligen lär känna dem, eftersom de då kan upptäcka deras svagheter. Som en ledare berättade för mig: "Om de lär känna din mänsklighet, kommer de att se att du bara är vanlig och därmed förlorar du din auktoritet"! Svaghet är problemet i den andligt föräldralösa kristenheten. När du visar svaghet, kastar de sig över dig.

Jag har upptäckt något. När människor inte kan visa nåd mot någon annans svaghet är det för att de döljer sin egen. Det finns en genomträngande attityd inom kristenheten att vi inte får tillåta fel och brister, och om dessa kommer fram blir det plötsligt ett stort problem. Men när du accepterar dina brister och kan bekänna dem, då kan du vara dig själv. Du behöver inte försöka vara auktoritär. Du behöver inte låtsas vara en ledare och du behöver inte försöka vara någon annan. Bara vandra med Gud och se vad han gör. Problemet existerar bara om du har en andligt föräldralös ambition att vara viktig, eller bara har ett behov av att vara älskad. Men den upplevda kärleken från Fadern fyller alla behov av att känna sig betydelsefull eller att göra betydelsefulla saker. När Faderns kärlek fyller dig och flödar över, kommer den kärleken att göra betydelsefulla saker av sig själv.

Kapitel fyra

I andligt föräldralös kristendom predikar vi frihet, men i verkligheten lever vi i fångenskap. Vi predikar nåd men lever i lagiskhet. Det är dit det slutligen leder. I kontrast blir då en människa som verkligen är fri, oerhört skrämmande. Tänk på det ett tag! Jag tror att lärjungarna måste ha varit livrädda när de vandrade med Jesus, för de visste aldrig vad han skulle göra härnäst. De saker han sa till Fariséerna och Sadducéerna var chockerande, men eftersom han kunde återuppväcka de döda kunde de inte säga emot honom. Gud kan göra vad som helst. Han är fullkomligt fri. Det är oerhört skrämmande!

Vi lever i en tid när Guds faderskärlek börjar tränga in i oss. Vi har börjat se Faderns kärlek komma in i människors hjärtan över hela kristenheten. Jag längtar efter den dag när alla Guds profeter och apostlar är fyllda med Faderns kärlek. När alla hans pastorer har ett fadershjärta - inte ett ambitiöst hjärta - men är genuina fäder och mödrar till folket i världen. Föräldralöshet utgår från fel träd. Det handlar alltid om att genomföra planer för att behaga och försöka imponera på Gud. Föräldralöshet *är* kunskapens träd på gott och ont. När du börjar inse att universums skapare är absolut nöjd med dig och älskar dig precis som du är, sätter det dig fri från alla andras förväntningar på vem du ska vara. Och det gör dig fri från dina egna förväntningar på vem du borde vara. Det gör dig fri att vila i vissheten av Guds kärlek i ditt hjärta och fyller dig tills det flödar över.

KAPITEL FEM

Sann kristen karaktär

~

Det tog inte lång tid efter att Denise och jag först blev kristna, innan vi började höra budskap som lade starkt betoning på att utveckla en kristen karaktär. Det var förståeligt från ledarnas perspektiv i församlingen vi var involverade i. Församlingen hade upplevt väckelse och medlemskapet hade vuxit snabbt. Över en kort period växte den från cirka trettio personer till mer än tusen. De flesta var nyomvända och många av dessa kom från en minst sagt stökig bakgrund. Som en konsekvens hade ett stort ansvar lagts på församlingens ledarskap. Tänk dig själv om du var en ledare och plötsligt fick en massiv tillströmning av folk som just kommit till Herren. Efter ett tag skulle du bli utmattad av att försöka hjälpa dem komma tillrätta med sina liv, så du börjar predika om principer som kan hjälpa människor att förvandlas snabbare. Mitt i denna andliga väckelse fanns ändå en bestämd förväntan på hur man skulle uppföra sig som kristen. Resultatet blev att det kom in lagiskhet mitt i denna fantastiska väckelse. Under den perioden skedde ovanliga manifestationer av den Helige Ande. Till exempel tog trettio personer emot samma vision från Herren samtidigt. Där fanns åtskilliga mirakulösa helanden och många människor med extrema bakgrunder kom till Herren.

Jag kan helt och fullt förstå hur ledarskapet i församlingen kämpade med att lärjungaträna så många nyomvända, som behövde hjälp att bli av med "sitt förflutnas bagage." Eftersom smörjelsen var så stark, fick vi ett talesätt som är välkänt i många församlingar runtom jorden. Det lät så här: "Vi vill inte ha människor med mer smörjelse än de har karaktär". Du behöver, med andra ord, utveckla en stark kristen karaktär. Om du inte gör det kommer smörjelsen att överstiga din karaktär och när du faller, för du vanära över församlingen. Detta fokus på kristen *karaktär* fortsätter även idag i kyrkan.

SJÄLVRÄTTFÄRDIGHET

Låt mig ge några exempel på den undervisning som gavs för att ha "en god kristen karaktär". Alla dessa kommer med överskriften att vara "en människa med principer" dvs. någon som strikt upprätthåller Guds rättfärdiga principer. Dessa principer handlar om ärlighet, måttlighet, sparsamhet, gott förvaltarskap, att vara förståndig i ekonomiska frågor, sexuell renhet, aktsamhet och att vara försiktig och varsam med livet. Rådet som gavs var: "Rusa aldrig in i något. Tänk efter innan du agerar. Använd inte mer än du behöver. Trots allt, det är Herrens pengar och du förvaltar dem bara". Utifrån detta ska du försöka få den bästa deal du kan. Köp så förmånligt du kan. Kör en bil som inte är allt för uppseendeväckande. Var aldrig extrem - var försiktig så du inte gör något som kan kritiseras. Var alltid flitig och ta rätt beslut. Ett annat slagord var ordet "klokhet". Vi var rekommenderade att vara kloka, att med andra ord alltid agera i enlighet med kända fakta. I ett nötskal var rådet att aldrig ta några risker eller att leva utifrån hjärtat.

Mitt problem var att när jag hörde människor tala på detta sätt, kunde jag inte sluta tänka att jag absolut inte ville vara sådan! Jag kände det som att jag blev tvingad in i en form som jag inte ville passa in i. Jag ville vara fri. Jag ville leva mitt liv mer spontant.

Sanningen är att jag inte har någon längtan efter att vara sparsam. Det är otroligt hur kristna har fått ett dåligt rykte i världen på grund av detta med sparsamhet. Jag har hört exempel på där vissa restauranger inte vill servera kristna därför att de är så snåla med att ge dricks till servitörerna! De kristna är för sparsamma, håller för hårt i pengarna och har ett dåligt rykte av att vara snåla med att ge dricks till personalen. De ger det minsta möjliga. Personligen, när jag går på restaurang, ser jag till att jag ger mer än de förväntar sig. Jag tycker inte att sparsamhet är en kristen karaktärs kvalite´. Faktum är att jag verkligen tror att det är ett kristet karaktärsdrag att vara mer än generös. Gud var mer än generös med oss. Han gav mer än vi kunde förvänta oss. Han gav sin Son. Han gav sitt eget liv för oss.

När du ser verkligheten av vad denna typ av 'kristen karaktär' är, ser du inget annat än *självrättfärdighet*. Det är rättfärdighet som grundar sig i vad jag tycker är det korrekta och bästa sättet att leva på.

Om du börjar leva i enlighet med de 'kristna principerna' måste du ställa denna fråga till dig själv. Vilka principer ska jag leva efter? Vilka har prioritet i varje bestämt ögonblick? I en given situation, ska jag vara generös eller sparsam? Vilka principer är i funktion här? Vi väljer själva, istället för att ledas av Guds kärlek. Vi väljer att använda en princip istället för att låta kärleken bestämma våra handlingar. Om kärleken ska vara grunden för våra liv, då innebär det att vi åter äter från fel träd om vi arbetar fram den korrekta principen för vårt handlande - vad är bäst att göra eller vad vi ska undvika? Vi ska inte vandra genom livet och bedöma vilken princip vi ska välja i varje givet tillfälle utifrån vår nuvarande bristfälliga

Kapitel fem

förståelse, utan vi ska ledas av den Helige Ande, som är Guds kärlek och natur inom oss.

Att tala om 'gott förvaltarskap' har varit och fortsätter att vara en stor sak inom Kristi kropp. Det ger oss rätten till girighet och habegär och för att hålla hårt i det vi äger. Det tillåter dig att behålla det bästa för dig själv och att vara mycket försiktig med ditt givande. I enlighet med 'gott förvaltarskap' är det likvärdigt med synd att ge bort mer än du har - det är fel att ge för mycket. Gott förvaltarskap begränsar dig till att bara ge det som är över när du uppfyllt dina skyldigheter. Du ger endast av din disponibla inkomst. När vi verkligen ser på detta i Skriften, finner vi om och om igen, att den attityden fördöms. I 2 Samuel 24:24 läser vi kung Davids ord till Jebusiten Arauna: "Nej, jag vill köpa det av dig till ett bestämt pris för jag vill inte offra åt Herren min Gud, brännoffer som jag *har fått för intet*". När Denise och jag läste den texten bestämde vi oss för att vi inte bara ville ge till Herren av vårt överflöd. Vi ville ge Herren något som kostade på. Om du bara ger ut ur ditt överflöd - och aldrig gör på annat sätt på grund av 'gott förvaltarskap' - då går du emot Andes ledning när du rör dig i övernaturlig tro. Änkan som lade sina två slantar i tempelkistan gav inte mycket i penningvärde. Det var en väldigt liten summa pengar men hon gav allt hon hade. Av alla dem som gett pengar i ett offer, var hennes berättelse den enda som Jesus lyfter fram och som nedtecknades i skriften. Det är intressant, eller hur? I enlighet med principen om 'gott förvaltarskap' gjorde änkan fel! När änkan hon gav allt hon hade gjorde hon något som är närbesläktat med Guds hjärta när han gav allt han hade. Romarbrevet 8:32 visar på detta. "Han som inte skonade sin egen Son utan utlämnade honom för oss alla, hur skulle han kunna annat än att också skänka oss allt med honom?" Därför att han gav sitt bästa, finns det ingenting han håller tillbaka från oss.

Sann kristen karaktär är faktiskt Guds egen karaktär som blir utgjuten i oss, så att vi kan bli som honom. Saker som att vara försiktig, varsam, välbetänkt och måttlig är alla beslut som jag själv tar, när jag bestämmer utifrån min egen värdering rätt sätt att leva.

Ibland har jag funnit att talare får den minsta ersättning som kan ges. Vi har mötts av stor generositet i många kyrkor men alltför ofta mötts av 'klokhet' när det gäller att betala arvode. Detta är inte Guds hjärta. I många kyrkor fokuserar man på att ge den minsta summa man kan komma undan med. Personligen skulle jag hellre ge för mycket än för lite eftersom jag tror att det ligger närmare Guds hjärta. Liknelsen i Lukas 15 har beskrivits som 'liknelsen om den förlorade sonen'(eng. överflödande riklig) fast egentligen vore det mer riktigt att kalla den för 'den rikligt överflödande fadern'. Det var *fadern* som gick utöver alla gränser med sin generositet. Istället för att handla om en son som slösade bort för mycket, handlar denna berättelse om en fader som älskade för mycket - om man kan säga det på det sättet. Jag skulle mycket hellre ge någon mer än de förväntar.

Sann kristen karaktär handlar inte om att vara 'en god förvaltare' när det gäller att hålla tillbaka i givande eller att spendera. Det handlar om att vara en god förvaltare genom att ge *mer* än nödvändigt därför att det är så Guds karaktär är. Vi känner till 'kristen karaktär' utifrån fel träd. Vi är väl bekanta med den i kunskapens träd på gott och ont. Men hur ser kristen karaktär ut utifrån Faderns kärlek? Hur visar sig Faderns kärlek i en sons eller dotters liv? Hur vill han att vi ska leva våra liv?

Jag vill utforska några områden som jag tror är grunden för vad kristen karaktär verkligen är. Detta är vad Faderns kärlek kommer att frigöra dig till att bli. Detta är några av de frukter som kommer genom att vara älskad av Fadern.

ATT VARA OINTRESSERAD AV SITT ANSEENDE

Det första är något som påtagligt karaktäriserade Jesu liv. Det är ett **totalt ointresse av att vara ansedd**. Det första Jesus gjorde när han kom till jorden var att han lämnade himmelens härlighet och blev människa. Han lade bort sin härlighet och sitt anseende för att komma till jorden och medan han vandrade här på jorden. Han hade överhuvudtaget inget intresse av något som gav honom anseende. När de försökte göra honom till kung, slank han undan dem. Han drog sig undan folkmassans tillbedjan för att söka sig ut i ödemarken. Faktum var att när han blev korsfäst, räknades han som kriminell. Han dog, hängande naken på ett kors. Han hade inte ett tygskynke runt höften, som målare på medeltiden hängde dit för att inte deras arbetsgivare skulle rodna. Nej! Han var helt utan kläder och hängde naken på korset inför alla som såg. Vi kan se på det och tänka att han utstod skammen för att vi skulle slippa. Absolut inte! Han gjorde det som ett exempel för oss att följa. Som han vandrade i världen, så ska vi vandra (1 Joh. 2:6).

Han har visat oss hur vi ska leva. Han är *Guds* Son och vi lär oss att bli Guds söner, lik honom - vår storebror. Jag brukade tänka att när jag gjorde Jesus till min Herre innebar det att han blev min befälhavare. Att jag måste lyda vadhelst han befallde mig att göra. När han ropade ut en order skulle jag stå i givakt och sedan springa för att utföra ordern. Sedan dess har jag insett att det inte riktigt är så det menas. Han *är* Kungen, men vi är inte medborgare och undersåtar i riket. På grund av att vi är i honom (den förstfödde av många bröder och systrar) tillhör vi redan i den kungliga familjen. Alla Jesus attityder skall ha herravälde över våra attityder. Vi är menade *att bli lika* honom. När vi talar om Jesu herravälde, innebär det att allt han är avgör allt vi ska bli. Allt i oss som inte är likt honom, måste underordna sig honom. Jag ska leva ut samma värderingar som han har.

När Jesus sa: "Jag är vägen, sanningen och livet. Ingen kommer till Fadern utom genom mig", säger han inte bara att hans död på korset öppnade vägen för oss att komma frimodigt inför Fadern. Han säger: *"Jag* är vägen". Med andra ord, om du vill komma till Fadern och lära känna Fadern djupare ska du leva som jag lever! Därför att det är så han lever och det är en sådan person som Fadern tycker om att ha gemenskap med.

Fadern har gemenskap med någon som har skalat av allt anseende. Så länge du har en längtan efter anseende och önskar att andra ska se upp till dig, kommer det att stå i vägen för en djupare kontakt med din Fader. När Jesus säger: "Jag är vägen" menar han också "Bli lik mig!"

Jesus gjorde sig själv till en person utan anseende och valde till och med ständigt den väg som krossade allt anseende. När jag reser möter jag denna fråga på olika intressanta sätt. Jag har haft tillfälle att möta några av de mest framstående ledarna i den samtida kristenheten. Jag har haft möten med mycket inflytelserika människor och blivit inbjudningen att predika på platser som skulle öppna upp väldigt stora möjligheter för mig i mitt arbete - om jag skulle bli accepterad där.

Jag kommer ihåg att jag talade inför en grupp ledare i en av de största församlingarna i Asien. Medlemsantalet i denna speciella kyrka var tiotusentals och jag talade till ett sjuttiotal av deras viktigaste ledare. När jag stod inför dem kom tanken: *'Om jag gör ett riktigt bra jobb här...'* och jag började tänka på de dörrar som eventuellt kunde öppnas för mig. Sedan kom tanken: *'Vilka är mina alternativ? Ska jag predika det som jag vet de skulle vilja höra, för att få möjligheten att predika inför tolv tusen människor?'* Jag är tacksam för att detta hände på senare tid och jag var medveten om frågan om att söka anseende, så det blev ingen stor frestelse för mig - men tankarna for genom mitt huvud.

Vid ett annat tillfälle hade jag en måltid med några av de mer välkända namnen inom kristenheten idag. Frestelsen var att tänka att om jag gör ett gott intryck, kommer vissa möjligheter att öppnas för mig. När de organiserar en konferens kanske de bjuder in mig att bli en av de främsta talarna!

Ju mer du vet att Fadern älskar dig, desto lättare kommer du över din människofruktan. Du behöver inte längre försöka vara mindre blyg därför att det spelar mindre och mindre roll vad människor tänker om dig. Om någon har en negativ åsikt om dig, kan du ge dem friheten att tänka så om dig och ändå vara fri på grund av den överväldigande känslan av att Fadern älskar dig. När någon så underbar som Fadern älskar mig, varför skulle jag då bry mig om att någon annan är negativ mot mig? Varför skulle jag ta åt mig? Det händer ibland att människor säger saker och vi behöver gå till Herren och fråga: "Är detta sant?" Det händer ofta att Herren talar in i våra liv genom vad andra säger.

Den föräldralösa anden är fokuserad på att andra ska uppskatta oss och därför lever i rädsla för vad andra ska tycka om oss. Vi strävar efter att få respekt och en känsla av värde. Låt mig säga detta - när du upplever Fadern kärlek kommer du att känna dig värdefull helt naturligt. Du kommer att känna dig dyrbar. Du behöver inte gå igenom en motivationskurs för att känna dig värdefull.

Allt som hjälper är bra, men slutligen är det vi behöver en uppenbarelse av Faderns kärlek. Ibland behöver människor hjälp för att komma vidare så jag kritiserar inte användbarheten av en del av dessa initiativ, men när vi får uppleva Faderns kärlek kommer en del av svårigheterna att försvinna. Faderns kärlek når mycket, mycket längre än de tillfälliga lösningar som erbjuds. Jag älskar vad min hustru Denise säger: "Guds kärlek följer eller söker inte efter värde, utan skapar det!" Han älskar dig inte för att du är värdefull, men hans kärlek uppenbarar värdet i dig vilket leder till att du känner dig värdefull.

Sanningen är att längtan efter ett högt anseende kommer från vår fallna mänsklighet. Vi vill att människor skall tänka väl om oss. Den nivå av osäkerhet du har, kommer att avgöra vilken nivån av frestelse du är sårbar för. Låt oss vara ärliga - du *skulle kunna* göra det som alla andra vill att du ska göra, men du skulle inte tycka om det, eller hur? Det skulle inte vara ditt sanna jag. Det skulle ändå inte bli bra!

Problemet med vad andra tänker om dig, denna längtan efter att ha ett gott anseende, hindrar vår gemenskap med Fadern. Herren har absolut inget självintresse. Han är inte det minsta självupptagen. Treenigheten är helt fokuserad på varandra och på oss, hans kärleksobjekt. Det var därför Jesus inte brydde sig om sitt anseende. Han älskade sin Fader och oss så mycket att han inte tvekade att lägga sin härlighet åt sidan.

> *"Han var till i Gudsgestalt men räknade inte jämlikheten med Gud som segerbyte, utan utgav sig själv och tog en tjänares gestalt och blev människan lik. När han till det yttre hade blivit som en människa, ödmjukade han sig och blev lydig ända till döden - döden på korset." (Fil. 2:6-8)*

Kapitel fem

När Jesus ser på dig är han fullständigt upptagen av dig. Det är kärlek!

Detta är en stor fråga i kristenheten. Jag tror det är dit Faderns kärlek leder oss. Ju mer medveten du är om att Fadern älskar dig, desto mindre bryr du dig om vad människor tänker om dig. Många gånger säger vi: "Jag bryr mig inte om vad människor tänker om mig", när sanningen är att vi faktiskt bryr oss väldigt mycket. Vi försöker vara modiga och förnekar därför vår osäkerhet och sårade känslor, men det är något helt annat att faktiskt inte vara intresserad av vad andra tänker om oss. Du är verkligen trygg när du är så övertygad om vem du är och vad Gud kallat dig till, att du blivit helt ointresserad av vare sig kritik eller beröm. När jag iakttog människor som betonade vikten av att ha en 'god karaktär', upplevde jag dem som tråkiga och att även smörjelsen över deras liv var liten . Smörjelsen följer det som är lite vilt. Du kan inte förutse smörjelsen. Du måste vara fri från världens förväntningar för att kunna röra dig med Andens vind.

EN LÄNGTAN EFTER ATT VARA TILL VÄLSIGNELSE

Den nästa stora grundbult som visar på sann kristen karaktär som jag vill lyfta fram är - att ha ett hjärta att vara till välsignelse. I sonskap handlar det inte så mycket om en *längtan* att bli välsignad utan en längtan att *välsigna*. En tjänare längtar alltid efter vinst och framgång i sitt liv. En son lär sig att lägga ned sitt liv. När vi kommer in i sonskap kommer denna fråga att utmana oss, om och om igen. För den som har en tjänares hjärta eller är en andligt föräldralös kristen, ligger fokus på förtjänst. Som son har du fokus på Fadern därför att Fadern blir verklig för dig. Ju mer verklig Fadern är för dig, desto mer längtar du efter att vara till välsignelse.

En förändring sker i dig som leder till att det inte längre spelar så stor roll om dina problem ordnar sig eller ej. Nu handlar det om vad som är rätt för honom.

Detta är en stor fråga när det handlar om tjänst. Många människor är helt uppslukade av *"min* tjänst", vad Gud vill göra med *mig.* För några år sedan talade jag med en pastor i USA som hade en ung ledare i församlingen som han tyckte var en underbar ungdomsledare, men har var mycket besviken. Han berättade hur denna ungdomsledare som, medan han var anställd i församlingen, hade startat en organisation i sitt eget namn. Han hade sin egen webbsida och allt handlade om att marknadsföra sig själv och hans framtida tjänst. Denna unge man byggde på sin egen framtida tjänst och hade i sitt hjärta redan lämnat den äldre mannen. I den samtida församlings kulturen är vi besatta av vår egen personliga tjänst. Tusentals människor reser till profetiska konferenser för att få profetiska ord angående deras tjänst eller framtid. Men Guds väg har alltid varit att arbeta mer med en liten skara än med folkmassor. I en andligt föräldralös kristendom ser vi varandra som konkurrenter eller rivaler. Avundsjuka och missunnsamhet är utbredd inom Kristi kropp därför att ambition blivit en stor sak bland oss. Många människor jagar efter vad de vill göra 'för Gud' men ofta handlar det egentligen om *'vad kan jag få ut av det'*?

Detta kan passa in på ledare också. Ledare kan vara så osäkra att de inte tränar upp ledare under dem. De skickar iväg dem för att bli av med dem så de inte ska tävla om ledarskapet i organisationen eller kunna hota ledarens status. Om någon börjar visa gåvor kommer ledare som är andligt föräldralösa att bekämpa dem. Jag tror att vi alla vet vad jag talar om. Ibland säger ledarskapet: "Om vi håller församlingen ung och inte låter dem växa upp, blir vi inte hotade." Detta är ett andligt föräldralöst problem. Jag vet inte om

Kapitel fem

detta är ett medvetet val men det händer ofta inom den andligt föräldralösa kristenheten. En av de saker jag har upptäckt är att om du vill ha en tjänst, lägg all din tid på att hjälpa andra finna deras. För om du lägger all din tid på att söka din egen tjänst, kan jag garantera att du aldrig kommer att finna den! Du kommer aldrig att komma ut i något. Så länge ditt fokus är att söka en tjänst för dig själv, kommer inget att hända. Men om du använder all din kraft för att hjälpa andra att komma in i det Gud har för dem, kommer du att finna den tjänst som är din. Din tjänst är att betjäna andra, det är vad tjänst betyder. Tjänst innebär att betjäna andra men vi har ofta vänt upp och ner på det och fått det till att betyda något helt annat.

Nyligen såg jag något Derek Prince skrev angående Filipperbrevet 2:3. Där varnar Paulus oss som Guds tjänare att inget ska göras med själviska ambitioner eller av fåfänga motiv. Det är vad som är skrivet i vers 3, men så gör Derek Prince följande kommentar:

> *"Genom åren har jag observerat att ett återkommande, genomträngande problem i kyrkan är personlig ambition och konkurrens med andra tjänster. Låt mig tillägga att jag först observerade detta i mitt eget liv."*

Jag uppskattar honom för detta uttalande! Jag har observerat detta i mitt eget liv också och jag tror att det är en del av det föräldralösa tillståndet. I ett föräldralöst tillstånd är alla där för sitt eget intresse. Ta hand om 'nummer ett' för ingen annan kommer att ge dig något! Det är mottot för en föräldralös men i sonskap är det annorlunda. Det kan finnas avundsjuka och missunnsamhet till de äldre bröderna som visar sig utifrån vår föräldralöshet, men när vi känner Fadern och hans kärlek till oss blir vi en familj! Då blir 'bröder och systrar' mycket mer än bara en titel vi använder om människor. Det blir ett privilegium att ha en broder som är äldre än mig. I den andligt föräldralösa kristenheten finns det ingen fördel med att ha äldre bröder för de kommer att ta vad som är ditt. Men i sonskap blir äldre bröder och systrar en välsignelse för oss, för de har saker som vi inte har som vi kan få ta del av.

Om du bara har en tjänares hjärta inför Gud, kommer du att förvänta dig en belöning. Du kommer förvänta dig att bli välsignad för det du blivit ombedd att göra. Detta är utbrett i dagens kristenhet. Det ligger en stark betoning på att Gud ser efter dig om du är trofast med att göra hans vilja. Det finns en kultur inom Kristi kropp som säger att vi gör oss förtjänta av detta. Några säger till och med att "Som Guds barn, förtjänar jag att alltid resa i första klass och bo på de bästa hotellen." Kristna med hjärtan som en tjänare förväntar sig alltid att bli välsignade, medan en son önskar att välsigna sin Fader. I slutändan är en kristuslik personlighet den största välsignelse du kan få. Det är vad Faderns kärlek kommer att leda dig till. Med hans kärlek i ditt hjärta kommer du att bry dig mer om andra än du bryr dig om dig själv. Du kommer att längta mer efter välsignelse och framgång för andra än för dig själv.

För många år sedan tog Denise och jag ett beslut. Vi hade varit i tjänst under lång tid och vårt fokus och bön hade alltid varit att Gud skulle välsigna oss, välsigna vår tjänst och vad *vi* gjorde. Sedan hörde jag någon be detta igen: "Herre välsigna vårt möte ikväll. Kom med din välsignelse över vad vi ska göra". Något i mig gensvarade: "Jag har fått nog av detta! Jag har fått nog av att be Gud välsigna *mig* och *min* tjänst!"

Nu när jag reser någonstans för att tala, blir jag ofta ombedd att vara med på bönen inför mötet men jag undviker dessa bönemöten! Jag gör det av två skäl. För det första, jag klarar inte så mycket

Kapitel fem

otro. Människor ber utifrån ett mänskligt hopp, de bönfaller Gud att göra något istället för att ha en förväntansfull tro. Den andra orsaken är att jag är trött på att be Gud välsigna *oss* - mötet, lovsången och predikan. Jag vill inte att han ska välsigna *mig* längre. Från och med nu, vill jag vara en välsignelse för *honom*! Vare sig han välsignar mig eller inte, vill jag välsigna honom. Jag vill bara att mitt liv ska glädja *honom*.

Det vår förändrade attityd har gjort har varit otroligt för oss. Så länge du vill att Gud ska välsigna *dig*, kommer du alltid att försöka få Gud att passa in i det *du* gör. Men när din önskan är att vara en välsignelse till Gud, kommer Gud att inkludera dig i det han gör. Det är en enorm skillnad på dessa två attityder. Jag har hört så många människor säga till mig: "Vi har arbetat för Herren under alla dessa år men vi har fortfarande inte detta eller detta", eller "Vi har tjänat Herren i åratal och 'detta' har ännu inte hänt oss". Det verkar som om att bara för att vi har tjänat honom så trofast, borde han ha försett oss med dessa saker. Det är mentaliteten hos en tjänare. En tjänare arbetar för en belöning. En son arbetar i harmoni med sin far för att vara en välsignelse för faderns hjärta.

I kristenheten som tjänar, finns en påtaglig avsaknad av martyrernas ande. Fundera på det ett stund! När vår attityd handlar om vad vi vill få ut av det, om att *jag* blir välsignad och att Gud *borde* göra olika saker för mig, är detta inte martyrernas väg. Martyrernas väg är att vara en välsignelse för honom - även om det kostar dig ditt liv. Om din död är till en välsignelse för honom, låt det ske. Detta är martyrernas attityd, inte att själva bli välsignade. Det handlar om att lägga ner våra liv för *att vara till välsignelse*. Vår kristna kultur i den västliga världen har i stort sett glömt bort detta.

Under alla mina resor har jag bara ett fåtal gånger känt doften av martyrernas ande i de församlingar jag besökt. Men när jag har upplevt den, är det underbart. Jag kommer ihåg en gång när jag var på Fiji. Jag mötte tre unga kvinnor som bodde vid en sluttning medan de byggde ett center för de indiska sockerrörsarbetare, som mer eller mindre levde som slavar. De fick inte äga sitt eget landområde och när de försökte bättra på sina bostäder, kastade hyresvärdarna ut dem och flyttade in själva. De var fångade i en ond cirkel av hårt fysiskt arbete under plantageägarna utan möjligheter att förbättra sina liv. När jag besökte dem, höll dessa unga kvinnor på att gräva en grop för en latrin. De hade grävt ned cirka 2,5 meter, använt hackor för att bryta igenom den hårda marken och fyllt hinkar med jord som de lyfte upp till marken med ett rep. De arbetade under stekande hetta och hög luftfuktighet. När de såg mig, klättrade de upp från gropen och bjöd mig att dela deras lunch. De hade en soppa som mest bestod av vatten med några gröna blad och gräs som flöt omkring. Men du skulle ha hört dem tacka Gud! De började tillbe Gud och deras hjärtan brast ut i tacksägelse för vad Gud hade givit dem. Jag kände att det fanns i dem något som martyrerna skulle känt sig hemma med.

Församlingen är byggd på martyrernas blod. Vissa nationer kommer inte att få ett genombrott i Anden förrän martyrernas blod blivit utgjutet. Martyrernas blod är ett av de starkaste vapen Gud har för att öppna ett land för evangelium. Längtan efter att vara en välsignelse istället för att bli välsignad finns i martyrernas och sonskapets ande.

Glädjespridare

En annan stor del i den kristna karaktären för dem som är i Faderns kärlek är att **de skapar glädje**.

Kapitel fem

Människor med en äkta kristen karaktär skapar glädje. Deras närvaro sprider glädje. Vi har levt under illusionen att kristna måste vara allvarliga människor på grund av att kristendomen är något *allvarligt*. Några kristna anser det till och med vara en synd att skratta. Jag har hört det predikas. Predikanten säger ungefär så här: "Här skrattar vi, men tror ni att Gud sitter i himlen och skrattar åt jordens problem? Tror ni att *han* skrattar åt krigen, svälten och tragedierna i världen?" Den typen av kommentarer dödar all glädje!

Det är lätt att fastna i tanken att det enda svaret för en fallen värld är att vara allvarlig. Jag kommer ihåg att jag hörde Heidi Baker tala om detta ämne. Hon bor och arbetar i Mozambique, en av de fattigaste nationerna på jorden. Hon betjänar människor som har upplevt förfärliga händelser i sina liv. En av de saker hon gör är att hon håller döende bebisar i sina armar och ger dem kärlek under deras sista timmar. Hon sa att mitt i sådant lidande var hon så full av glädje att hon frågade Herren hur det kunde vara så? Hur kunde hon känna sådan glädje mitt i allt lidande? Jag kommer inte ihåg allt vad Herren svarade henne men en sak fastnade i mitt sinne. Han sa till Heidi: "Vad dessa människor behöver är glädje. De behöver en anledning till att vara glada. De behöver inte människor som alltid är allvarliga. De behöver människor som kan skapa glädje i dem."

I våra familjer lever många mödrar på samma känslomässiga nivå som det av hennes barn som är mest ledset. Oavsett dag, kommer mamman att ha samma känslomässiga nivå som det barn som är mest olyckligt. När det barnet blir glad igen kommer mamman att fokusera på nästa barn som är ledset. Hon kommer ständigt att leva på den lägsta känslomässiga nivån i familjen. Men vad barnen verkligen behöver är en mor som lyfter upp dem upp ur deras förtvivlan, till hennes nivå av glädje. Många kristna lever på detta sätt. De lever sina liv på den känslomässigt lägsta nivå av glädje som finns.

Sann kristen karaktär

Världen behöver glädje. Jag tror verkligen att en sann kristen karaktär har kapacitet att skapa glädje.

När vi först blev kristna var jag annan människa än jag är idag. Vi hade varit kristna några år och jag kände mig ofta extremt ensam. Jag hade inte längre något gemensamt med mina gamla jägarkompisar och jag hade inga kristna vänner. Församlingen vi gick till hade vuxit mycket snabbt från cirka trettio medlemmar till över tusen. Ibland när vi kom till kyrkan, blev vi välkomnade vid dörren som om vi vore där för första gången. Människor vi kände igen från när vi först kom med i församlingen kände inte igen oss utan hälsade på oss som om vi var nykomlingar! Jag var blyg, sårad och ovänlig. Jag beklagade mig för Denise en gång att jag inte hade några vänner i kyrkan och hon svarade: "James, det skulle verkligen hjälpa om du log ibland!" Jag hade ingen kapacitet i mig att le. Glädjen behövde komma från en plats i mitt inre som var i ett desperat behov av helande.

Vi bodde på landet, knappt fem mil från kyrkan. Under de första två åren i församlingen var det ingen från kyrkan som hälsade på oss. Många medlemmar från kyrkan besökte andra i församlingen som bodde ett par kilometer från vårt hem, men vi fick inga besök. Vi var involverade i allt Gud gjorde och gav allt för församlingen, men kände aldrig att någon verkligen var intresserade av oss.

En dag såg jag en bil komma nerför grusvägen som ledde till vårt hus. Till min förvåning svängde den av, kom fram till huset och en man klev ur. Det var en man vid namn David Pickering. David var en av de äldste i församlingen. Han knackade på dörren och jag öppnade. Davids ögon lyste och han sa: "Ni är verkligen lyckliga som bor här! Vilken vacker plats att bo på!"

Kapitel fem

Han klev in i hallen och tog emot en kopp te som vi bjöd på. "Wow! utbrast han. Har ni satt upp tapeten på väggarna? Det är en fantastisk tapet! Och vilka fina möbler ni har!" Han kommenterade över allt han tittade på med sådan entusiasm att vi började se annorlunda på våra saker och vårt hus. När han åkte, kändes det som om vi bodde i ett palats. Hans besök lyfte oss oerhört mycket och gjorde ett stort intryck på oss den dagen. Han skapade glädje. Han var den mest sprudlande person du kan tänka dig. Under lovsången i kyrkan skuttade han omkring, han studsade mer än han dansade! Han förde in den livsglädjen i våra liv den dagen. Han fick våra ansikten att le och våra hjärtan att fyllas av tacksamhet.

Kristen tro handlar inte om försiktighet och allvar. Den handlar först och främst om glädje. Om en människa inte har glädje är de fortfarande omogna i sin kristna karaktär. Men det handlar inte bara om att ha glädje utan om kapaciteten att förmedla denna glädje som visar oss att vi börjar komma in i ett effektivt kristet ledarskap. Paulus talar om att " hjälpa genom vår glädje" (2 Kor 1:5). Det är vad predikan handlar om. Predikan ska hjälpa människor att glädjas. Målet med predikan är att skapa glädje, annars är det ingen mening med att predika. Vi ska hjälpa människor att bli befriade från saker så de kan börja njuta av sina liv och vandring med Gud. Tänk dig en församling vars hela fokus är att höja människors glädje i Gud. Kristen karaktär och tjänst handlar om att föra människor mer och mer in i glädjen. När du tänker på det, är det uppenbart.

Vi har en vän från Sydafrika som fylldes av Faderns kärlek. Han var pastor i församlingen men även borgmästare i sin stad. Som pastor fann han att församlingen inte växte så han frågade Herren hur han skulle få församlingstillväxt. Herren sa till honom att gå med i den lokala rugbyklubben. Eftersom de andra spelarna visste att han var kristen, trodde de att han var en "mjukis" fast han hade den tuffaste positionen i laget. Under en match blev han måltavla för motsvarande spelare i det andra laget. Hans medspelare förvånades när Kobus gav tillbaka och smällde till killen.. Den händelsen gav honom lagets respekt och alla spelarna följde sedan med till kyrkan.

Kobus kom till ett av våra möten i Pasadena, Kalifornien, och blev helt tagen av Faderns kärlek. Upplevelsen förändrade honom vilket ledde till att hans predikningar i församlingen förändrades radikalt. Den tredje söndagen efter att han kommit tillbaka från Pasadena gick en av församlingsmedlemmarna fram till honom efter predikan och sa: "Jag kommer inte att fortsätta komma till denna kyrka längre utan tänker gå till en annan kyrka i staden". Kobus frågade "varför" och mannen svarade: "När jag kom hit brukade jag alltid känna mig skyldig när jag gick. Men nu, när du predika om den här faderskärleken, känner jag mig inte skyldig längre, så jag ska hitta en predikant som får mig att känna mig skyldig". Vilken förvriden uppfattning om kristen tro är inte det? Den typen av kristendom handlar om den omöjliga uppgiften att försöka föra människor till helgelse genom skuld och fördömelse.

Jag tror inte att kristendom handlar om att få människor att känna skuld. Ibland ser jag predikanter pålysta som "en verkligt utmanande talare" eller att de har "ett utmanande budskap". Jag vill aldrig mer höra en utmanade talare. Vi har nog med utmaningar, vi behöver inga fler. Vi behöver kraft och glädje för att möta de utmaningar livet öser över oss. Jag vill inte komma ut från kyrkan och känna att jag måste bättra mig. Att - *jag måste - jag borde.* Jag vill inte bli utmanad att göra mer utan jag vill upptäcka vem *Gud är* och vad *han* har gjort för mig. När jag inser vad *han* har gjort, gensvarar något i mig. När jag upptäcker vem han är, är det något i mig som inte kan låta bli att älska honom. För många år sedan, som ung predikant, talade Herren till mig och sa: "James, tala aldrig om

Kapitel fem

för människor vad de måste göra eller hur de måste vara. Tala om för dem *vem jag är* och vad jag har gjort!"

Så mycket av kristenheten idag talar om för människor vad de måste göra och hur de måste vara. Ofta hörs meningar som "om kyrkan verkligen gjorde sitt jobb" eller "om vi verkligen var det folk vi borde vara" eller " detta är vad Gud kräver av oss, nu är det upp till oss att förändra världen för honom". När jag hör sådana kommentarer är jag överhuvud taget inte intresserad. Jag vet inte hur det är med dig, men jag är inte en som förändrar världen. Jag är bara en kille som Gud fann i rännstenen. Det finns ingen potential för det heller. Inte heller är jag någon som förändrar historien. Jag föll inte för pratet att vara en som ska förändra världen eller historien. Jag föll för att bli frälst, för det var jag i desperat behov av, för en Gud som älskar mig och hjälper mig med röran i mitt liv. Jag blev inte en kristen för att göra en stor skillnad i världen.

Men det jag upptäckte var detta. När jag överlämnar mig mer och mer till Guds kärlek, händer det ibland att han ändrar en liten del av världen *genom* mig. Det har inget med mig att göra. En gång när jag talade på en konferens, sa jag att jag inte var intresserad av att vara en som förändrar världen eller historien. Jag var totalt ovetande om att nästa konferens de organiserat kallades *"Världsförändrare och Historie Skapare"*. Det behövs kanske inte sägas att jag aldrig blev välkomnad tillbaka.

Ibland bekymrar det mig att se unga människor pressas in i en iver som endast baseras på mänsklig entusiasm. Det är inte den sanna kristna vägen. Jag vet var den slutar. Sanningen är att jag har vandrat den vägen och den ledde till besvikelse och förtvivlan. Jag *brände ut* mig för Gud. Det var inte så "spännande" som det låter. Faktum är att det var en förfärlig upplevelse och jag lärde mig att utbrändhet inte är Guds vilja för oss. Det är bara i köttet vi kan bli utbrända. Om vi vandrar i Anden kan vi bära frukt trots att vi är i vila. Sanningen är att vi förväntas gå från tro till tro, från härlighet till härlighet och ständigt förvandlas till hans likhet. Det kristna livet går ut på att bli lik Jesus och en stor del av det innebär att vara fylld av glädje.

Ett av de stora karaktärsdragen är att kunna njuta av livet och vandringen med Gud. Om du lever ditt liv i en tvångströja bestående av gott uppförande, kommer du inte kunna njuta av det.

FÖRNÖJSAMHET

Förnöjsamhet utmärker en sann mogen kristen. Detta karaktärsdrag är främmande för många människor och ändå är det den kvalitet som är mest eftertraktad i en människa. Det handlar egentligen inte om lycka. Lycka kan komma och gå men förnöjsamhet är den fridsamma acceptansen av var jag befinner mig i livet - detta är vem jag är, det är här jag befinner mig just nu och jag är tillfreds med det. Paulus talar om det i Filipperbrevet 4:11-12:

> "...Jag har lärt mig att vara nöjd med det jag har. Jag kan leva enkelt, jag kan också leva i överflöd. Med allt och med alla förhållanden är jag förtrogen; att vara mätt och vara hungrig, att ha överflöd och att lida brist."

Det finns fortfarande områden i mitt liv som jag inte är nöjd med, men i jämförelse med hur jag brukade vara har jag förändrats markant. Jag tror att Gud vill föra oss till en plats av förnöjsamhet. Att vara tillfreds är ett av de stora karaktärsdragen hos en kristen. Vi behöver inse att förnöjsamhet inte innebär att allt är bra i våra liv. Tvärtom handlar det om att ha frid när saker är mindre bra eller

Kapitel fem

inte fungerar, och även när vi har önskningar och behov. Paulus lärde sig att vara nöjd mitt i nöd och svårigheter.

Jag tror verkligen att vi kan inte ha denna förnöjsamhet om vi inte har upplevt Faderns kärlek. Hans kärlek är i sanning det enda som slutligen överskrider världens problem. När verkligheten av Faderns kärlek börjar ställa dina känslomässiga reaktioner till världens problem i skuggan, då kommer du att märka att förnöjsamhet börjar etablera sig i ditt hjärta.

Jag tror att vi ska betjäna utifrån en plats av förnöjsamhet istället för att använda vår tjänst som ett sätt att bli tillfredsställd. Jesus sade: "Saliga är de som skapar frid"! En person som skapar frid är så full av frid att den läcker ut överallt. När den personen kommer in i ett rum, fylls det av frid. Du måste ha frid för att kunna ge ut den. Frid förvandlar atmosfären. Den ande en troende bär, kommer att expandera ut i atmosfären runt om dem. Andens frukt är ett aggressivt vapen i vår andliga krigföring. Guds Ord är vårt andliga svärd, men det är Ordet som blev kött i oss som är effektivt i krigföring. När du är så fylld av glädje att omständigheter inte kan påverkar den, då övervinner du fienden. När någon är riktigt arg på dig och du har full frid i ditt hjärta kommer du att avväpna ilskan. Förnöjsamhet kommer att övervinna de frestelser Satan försöker fånga dig med.

Sonskap är att manifestera Fadern så att människor kan vidröra realiteten av honom genom oss. Förnöjsamhet är inte bara något underbart i våra egna liv, utan något som även kommer att beröra andra genom att föra dem in i friden och vilan. Förnöjsamhet är ett aggressivt vapen i vår andliga krigföring mot fienden. De starkaste andliga vapnen är saker som frid, glädje och förnöjsamhet. Detta är Ordet som har blivit kött i våra liv. Idag ser jag för mycket rastlös och driven aktivitet i kyrkan. Planer, visioner, syften, kallelser och tjänster är ofta bara frukten av frustrerade och missnöjda hjärtan. Vi behöver föra in Pauli förnöjsamhet i församlingen idag. När kristenheten kommer in i samma förnöjsamhet och vila som Paulus betjänade utifrån, kommer det att börja ge samma resultat som Paulus fick.

FADERNS VÄRDERINGSSYSTEM

Den djupaste frågan i den kristna karaktären är denna; hurdan är Guds natur? Sann kristen karaktär handlar om att visa Guds natur, att bli lik honom genom att omfamna honom i våra hjärtan. Föräldralöshet är i grunden osäkerhet och den håller fast vid saker som anseende och pengar som säkerhet. Jag tror att det är vad Jesus refererade till i liknelsen i Lukas 12:15-21.

> *"Sedan sa han till dem; Se till att ni aktar er för all slags girighet, för livet handlar inte om att ha ett överflöd på ägodelar." Och han berättade en liknelse för dem: "En rik mans åkrar hade gett god skörd. Han frågade sig själv; Vad ska jag göra. jag har ingen plats för mina skördar. Så här ska jag göra, tänkte han; jag river mina lador och bygger större, och där samlar jag all min säd och allt mitt goda. Sedan ska jag säga till mig själv; Kära själ, du har samlat mycket gott för många år. Ta det nu lugnt. ät, drick och var glad. men Gud sade till honom; Din dåre! I natt ska din själ avkrävas dig. Vem ska då få det du har samlat. Så går det för den som samlar skatter åt sig själv men inte är rik inför Gud."*

Den mannen sparade till sin pension, och Herren sa till honom: "Din dåre!" Det är ett ganska starka ord. Pengar är viktiga, men de

Kapitel fem

är viktiga utifrån vad Gud vill använda dem till. Inte bara för vad vår egen osäkerhet och föräldralöshet vill göra med dem.

När vi läser om när Jesus ärade kvinnan som gav de två kopparmynten, ser vi egentligen en bild på Faderns värderingssystem. Om vi vandra på det sätt Jesus vandrade - i enlighet med Faderns önskningar och värderingar - skulle vår kapacitet för närhet till Fadern öka. Samma principer verkar i våra egna mänskliga liv. Till exempel, när jag var yngre tyckte jag om att spela bordtennis och la märke till att jag tillbringade mer tid tillsammans med dem som också gillade att spela bordtennis. De som delar mina intressen kommer automatiskt att tillbringa mer tid med mig än de som inte har liknande intressen. Poängen jag försöker göra är att vårt gemensamma intressen i och uppskattning för bordtennis uppmuntrade till gemenskap. På samma sätt, när vi förstår vad som gläder Faderns hjärta kommer vi att utveckla en djupare gemenskap med honom. Om något i ditt hjärta inte är förenligt med din himmelske Faders värderingar, kommer det att finnas en skugga i din gemenskap med honom. Men när du och han är i harmoni, kommer du att uppleva gemenskap med honom. Det är så sonskapet fungerar. Om du är generös som din Fader är, kommer du att uppleva närhet till honom. Om du är sparsam och girig, kommer du inte att kunna identifiera dig med den himmelske Fader som ger i *överflöd*. Närhelst penningfrågor dyker upp då kommer du att vara i disharmoni med honom.

ATT VANDRA I ANDEN

Jag ber dig att driva ut den föräldralösa tjänar-mentaliteten ur ditt tänkande om vad kristen karaktär innebär. Om du håller fast vid ditt gamla tankesätt kommer du att fastna i anseende, att hela tiden kontrollera din egen utveckling och försöka leva ditt liv genom dina egna mänskliga insatser. Den dolda faran med detta är att även om Gud är ditt mål, lever du i egen mänsklig kraft. Att leva efter kristna *principer* är att leva av frukten från kunskapens träd på gott och ont. Sanningen är att vi ska vandra i Anden, *inte* efter principer. Om du bara lever efter kristna principer kommer du att bli vilseledd eftersom du då inte lever i gemenskap med Gud.

Inte heller ska vi vandra "i ordet." Vi ska inte lyda Bibeln bara för att den säger någonting. Vi vandrar *i enlighet med* ordet men vi vandrar *i* Anden. Om ordet fördömer något, vet vi att vi inte vandrar i Anden - men att lyda ordet är inte det samma som att vandra i Anden. Att vandra i Anden kommer alltid att vara i enlighet med ordet, men det motsatta gäller inte. Bara för att du lever som ordet säger innebär det inte att du är i Anden. Att vandra i Anden kommer alltid att *leda* dig till att leva i enlighet med ordet, men motsatsen behöver inte vara det alls. Jag känner många människor som säger att de är trofasta till ordet men som inte har en aning om vad den Helige Ande säger.

Vad är det 'att vandra i Anden'? Det är Guds kärlek som flödar in i våra hjärtan. När vi vandrar i Faderns kärlek, utgjuts den kontinuerligt in i våra hjärtan. *Det* är att vandra i Anden! Det var så Jesus levde sitt liv. Detta är Andens lag i Kristus Jesus. Låt oss ha kapaciteten att se vad det innebär att vandra som Jesus gjorde - att vara fri från principer, regler och instruktioner. Må Gud sätta oss fria från denna dominerande förväntan, för att i sanning kunna vara hans söner och döttrar. Den härliga friheten hos Guds söner ligger utanför begränsningarna, strukturerna och fängelser av principer och lagar oavsett hur riktiga de tycks vara. Han önskar att vi ska vara fria till att dansa med honom, för det är endast kärleken som är totalt fri.

Kapitel fem

En gång slog något mig som var både överraskande och befriande. Jag hade blivit starkt influerad av många bibellärare som sa: "För att kunna leva ett lyckat kristet liv måste du göra vad Bibeln (speciellt Nya Testamentet) säger". Men faktum är att ingen av apostlarna någonsin läste Nya Testamentet, inte ens en enda gång. De levde inte sina kristna liv genom att lyda ordet. De läste inte Nya Testamentet - de skrev det! De vandrade i Anden och Anden ledde dem till att leva och lära sig många saker. Det var det som skrevs ned och som sedan blev Nya Testamentet. Att vandra i Guds Ande kommer därför att få oss att vandra i enlighet med hur de levde. Den kärlek som spillde ut från dem kommer att överflöda även från oss!

KAPITEL SEX

Att övervinna världen - striden om våra känslor

~

När vi börjar uppleva och vandra i Faderns kärlek, förvandlas vår syn på kristen tro fullständigt. Gud återupprättar och visar oss vad kristendom verkligen är. Jag vill att vi ska titta på en speciell vers som jag egentligen aldrig förstod, vilket gjorde mig mycket frustrerad. Det handlar om den sista versen i Joh 16. Detta var antagligen Jesu sista undervisning innan han korsfästes och är därför mycket viktig. Den följs av hans bön till Fadern, men dessa ord är hans sista undervisning till lärjungarna. Han säger:

> "Detta har jag sagt till er för att ni ska ha frid i mig. I världen får ni lida, men var frimodiga: Jag har övervunnit världen."

När jag brukade läsa detta hade jag problem med det. Jag ifrågasatte inte Jesus när han sa: "I världen kommer ni att lida förföljelse". Jag höll fullständigt med om detta! Det uttalandet var sant! Jag ska dela en hemlighet med dig - förföljelsen kommer aldrig att ta slut. Du kommer att ha problem i denna värld. Jag har varit kristen i mer än fyrtio år och det har varit sant genom hela mitt kristna liv. Men det är bättre att gå igenom detta med Herren, än utan honom.

Bara att veta att han finns hjälper. Men oavsett kommer vi att möta svårigheter. När Jesus tillkännager att du ska lida av prövningar i världen menar han att du kommer att ha motgångar. Världen kommer konstant att ställa till med problem för dig.

Sen säger han dessa ord: "Var vid gott mod, jag har övervunnit världen". När jag först läste det, tänkte jag intuitivt: *"Ja, det är bra för dig Jesus! - Du har övervunnit världen men det har inte jag!"* Det verkar som om världen bara fortsätter att överösa mig med problem och det är varken lätt eller roligt.

Problemet med världens motgångar är att du blir känslomässigt berörd. Du åker berg- och dalbana genom livet på grund av dina känslor. Du går igenom perioder av utmattning och depression. Du upplever rädsla, oro och smärta samtidigt som du erfar glädje och förnöjsamhet. Det är så det är. För att klara av detta kväver en del människor sina känslor, för att slippa känna av någonting. Ibland när människor har sårats djupt i livet, kan de stänga av helt eftersom de inte kan hantera smärtan. De vill inte uppleva de negativa känslorna men problemet med det är att då stängs *alla* känslor av. Det går inte att trycka ned de negativa känslorna och hålla de positiva levande. Några tycker att det är bättre att inte vara lycklig, bara de slipper att vara ledsna, men dina känslor kan vara en källa till stor välsignelse i ditt liv. Att verkligen kunna uppleva saker är underbart. Problemet är att du betalar genom din kapacitet att kunna bli olycklig.

Så när Jesus sa: "Var vid gott mod, jag har övervunnit världen" blev min respons: *"Det är underbart för dig - men det har inte jag!"* Mitt problem var att världen fortsatte att plåga mina känslor. Jesus har övervunnit världen men hur fungerar det för mig? Hur kan *jag* övervinna världen?

Jag tror inte att vi kan ha ett fullständigt och adekvat svar på detta, förrän vi har förstått och tagit emot Faderns kärlek. Det är en del av vandringen i våra kristna liv att vi har börjat förstå och ta del av saker som vi tidigare inte haft tillgång till. Före reformationen hade människorna inte tillgång till frihet från skuld. Genom reformationen kom uppenbarelsen om syndernas förlåtelse. Människorna levde då utan att veta hur de skulle bli av med känslan av skuld. Genom vår förståelse av Jesu död på korset, Guds förlåtelse och rättfärdiggörande av tro och renandet av våra samveten genom hans blod, vet vi att vi verkligen kan vara fria från skuld. Det är en underbar sanning! Innan du känner till den sanningen kan du inte komma in i allt det innebär.

Din själs frälsning

Kärleken från Fadern för oss in i en upplevelse av det kristna livet som aldrig har skådats förrän nu. Så mycket skedde när Jesus dog på korset. Låt mig lyfta fram några av de sakerna.

En av de saker som hände när Jesus dog på korset var att han övervann syndens kraft. När han dog och utgöt sitt blod, blev blodet tillgängligt för oss. Han övervann själv synden och genom detta gjorde han det möjligt för oss att övervinna. Han förde oss ut i en frihet att kunna erfara syndernas förlåtelse.

När han dog på korset, övervann Jesus Satans makt. Satan hade makt och auktoritet som fullständigt försvann genom Jesu död.

När Jesus återuppstod från de döda, övervann han dödens makt. Döden har inte längre någon makt över oss, som den hade innan Jesu död och återuppståndelse.

Kapitel sex

Jesus övervann många saker som vi har viss förståelse för, men en av de saker jag inte förstod under många år var hur han övervann *världen*. När han dog på korset, övervann och bröt han världens makt över honom och han har nu öppnat dörren för oss att bryta världens makt över oss. Vad menade han när han sa att "Jag har övervunnit *världen?*"

För att introducera det jag vill säga ska vi se på det från ett annat perspektiv. Bibeln talar om att vi är frälsta på tre sätt. Skriften säger att du *har* blivit frälst, du *håller på* att bli frälst och du *kommer att* bli frälst (Ef 2:5-8, 2 Tim 1:9, Tit 3:5, 1 Kor 1:18, 1 Kor 15:12, 2 Kor 2:15, Rom 8:23, 1 Tess 5:23) Dessa bibelord talar om tre olika aspekter av att vara frälst. För det första - när Jesus kommer in i ditt liv och din ande kopplas med honom blir du frälst. Då är det klart för resten av evigheten. Din frälsning och din eviga destination är för alltid klar och kan inte tas ifrån dig. Du *har blivit* frälst. Din ande är frälst.

För det andra - din själ *håller på att bli* frälst. När Filipperbrevet 2:12 säger: "...arbeta med fruktan och bävan på er frälsning" talar det om processen av själens frälsning. Mer om detta om en stund.

För det tredje - när det gäller våra kroppar har vi inte ens börjat bli frälsta. Det kommer en tid när våra kroppar ska bli frälsta. En del av oss börjar få rynkor i våra ansikten som inte brukade finnas där. Gravitationskraften verkar vinna kriget och vår bringa faller ner mot vår mage! Din kropp åldras och kommer till slut att dö, men den dagen kommer när du ska få en ny kropp. Jag hoppas att jag ska vara i perfekt form utan att behöva träna. Jag hoppas på att kunna äta vad jag vill och fortfarande vara vid god hälsa! Det är helt uppenbart att våra kroppar fortfarande väntar på att bli frälsta.

Det område jag vill fokusera på är området i våra liv som *håller på* att förändras - våra själar. Gud verkar för att frälsa våra själar och föra vårt själsliv till återlösning. Din själ består av ditt sinne, din vilja och dina känslor. När vi definierar det på det sättet, kan vi se hur Gud verkar i dessa tre distinkta områden. Jag tror att vi hittills har sett honom verka främst i två av dessa områden - sinnet och viljan.

En av de första saker du insåg när du blev kristen var att Gud ville förändra hur du tänkte. Han verkar för att förvandla ditt tänkande så att du ska få Kristi sinne, med andra ord, tills du börjar tänka som Gud tänker. Andens verk är att lära oss *hur* Gud tänker och att uppenbara *vad* han tänker, för att vi ska börja förstå vad det innebär att vandra i samförstånd med honom. En av de verkligt betydelsefulla verserna för mig finns i Romarbrevet 3:4: "...att Gud är sann och varje människa en lögnare". Denna starka vers säger att Guds främsta mål i våra liv är att vi ska omfamna *hans* sanning. Han vill att vi ska se utifrån hans perspektiv och släppa taget om allt som står i motsats till detta. Med andra ord innebär det att allt som inte är i linje med hur han tänker, är en lögn!

Jag kommer ihåg en gång när jag talade med Herren om tungotalet. Jag hade blivit andedöpt och talat i tungor en tid, men efter några år började jag uppleva tungotalet som tråkigt och meningslöst. En dag läste jag i 1 Korintierbrevet 14:4 där Paulus säger att "den som talar tungomål bygger upp sig själv", vilket innebär att 'bygga upp sig själv' i sin tro. När jag läste den versen sa jag till Herren: "Det fungerar inte för mig Herre, jag talar i tungor och tycker det är ganska tråkigt!" Så fort jag sa detta blev versen fäst i mitt sinne, "den som talar tungomål *bygger upp* sig själv", och jag upprepade att "det fungerar inte för mig!" Återigen repeterade Herren versen tillbaka till mig men min respons var densamma. Då hörde jag tydligt Herren säga: *"En av oss ljuger"*.

Är det inte fantastiskt? Hans agerande mot oss är så kärleksfullt. Han har talat till mig på det vänligaste sätt du kan tänka dig. Så jag sa: "Herre, jag är ledsen. Ditt ord är sant. Även om jag inte känner det, så är det fortfarande sant". Jag började tala i tungor igen i tro att jag blev uppbyggd. Då började jag känna mig uppmuntrad i mitt hjärta. Om du säger emot det Gud talar till dig, kommer du inte att uppleva vad han har för dig. Ditt sätt att tänka behöver förvandlas och ditt sinne förnyas. När Denise och jag mötte Jack Winter förändrades vårt synsätt på hur man har tro för övernaturlig försörjning och inte genom världens sätt. Med andra ord, för att få bra ekonomi behövs inte något inkomstbringande system. Jack började tala till oss om att ha tro för Guds övernaturliga försörjning. Jag har sett pengar komma blåsande i vinden rakt in i min utsträckta hand! Tro det eller ej men pengar växer faktiskt på träd! Vi behöver omprogrammera vårt tänkande till Guds sätt att tänka. Vi har en extremt rik far. Om du tror att pengar alltid är kopplat till det kapitalistiska systemet, kommer du att vara fast där. Din tro kommer att vara i det systemet istället för på Gud.

Gud kommer främst att programmera om ditt sätt att tänka utifrån det du tar in när du läser Bibeln. Om du fortsätter att läsa din Bibel kommer ditt sinne förvandlas genom Anden. Ett annat sätt som Gud förvandlar ditt sinne är genom att höra Skriften predikas. Om du går till en kyrka som blandar mänsklig filosofi med Guds ord kommer detta inte att ge dig Kristi sinne. Det pågår en strid om ditt sinne.

Det pågår även en strid om din vilja. När vi först kommer till Jesus är vår vilja inte underordnad honom. Vår vilja vill gå sin egen väg på alla möjliga sätt. Vår vilja är helt otämjd och kan variera. Vi kan behöva disciplin på vissa områden men inte på andra. Vi kan peppa upp oss själva till att följa Guds vilja det ena ögonblicket, för att i nästa stund insistera på att gå vår egen väg. Vi kan överlämna oss själva till Gud i entusiasm istället för äkta tro och leva i en falsk överlåtelse.

Gud önskar att föra oss till en plats av överlåtelse till hans vilja oavsett vem som står oss emot. Det finns en vers någonstans i 2 Mosebok som säger: "Följ inte efter skaran till att göra ont". Med andra ord, även om tusentals människor gör något som du vet är fel, ha självförtroende nog att stå emot det. Gud verkar i din vilja för att göra den i linje med hans. Detta är en kontinuerlig process under hela livet när vi möter olika val. Dessa är individuella val för dig och avgörande för striden om ditt sinne. Det kommer att vara en kamp tills du kommer till den punkt - och du kommer att komma dit - där du genuint älskar det Gud älskar att göra och striden är över.

Det är bara en strid i ditt sinne när Gud vill att du ska göra något som du verkligen inte vill. Det är där kampen ligger. När jag var en ung kristen handlade den största striden för mig om mitt liv som professionell jägare. Jag visste att Herren talade till mig om att fullständigt lägga ned det. Det tog ett tag att sjunka in, men dagen kom då allt kom till sin spets. En kväll hade vi besök och jag kände mig så utmanad i mitt hjärta att jag inte kunde uppföra mig normalt. Jag ursäktade mig och gick till sovrummet där jag gråtande knäböjde vid sängen. Jag insåg vad Gud ville, men jag kunde inte göra det. Det han ville att jag skulle göra var att bränna alla mina dagböcker och foton, att göra mig av med mitt gevär och förstöra alla hjorthorn som jag hade samlat under åratals av jagande.

Jag var fångad i kampen mellan min önskan att göra Guds vilja och viljan att behålla mina ägodelar. Sakerna representerade hela

Kapitel sex

min identitet. En del människor jagar, men *jag var en jägare*. Det är stor skillnad mellan dessa två. Plötsligt kom Guds närvaro in i rummet och jag fylldes av glädje. Mina tårar vändes i skratt och Herrens glädje fyllde mig. När det nådde en topp, talade Herren och sa: "Gör det nu medan du har styrkan att göra det!" Omedelbart och utan tvekan gick jag fram till garderoben och tog ned mina foton och dagböckerna där jag dokumenterat alla de gånger jag hade varit uppe i bergen. Hela mitt liv fanns i de böckerna. Jag tog dem och gick rakt ut i vardagsrummet, rev sönder och kastade dem i elden. Medan de brann upp, fylldes jag åter med glädje. Jag hade inte insett hur mycket dessa saker hade bundit mig. Jag var bunden till identiteten som jägare och han befriade mig och gav mig identiteten av en gudsman. Herren kommer bara att utmana dig att göra dig av med det som hindrar dig. Han kommer aldrig att ta bort något som välsignar dig. Han vill ta bort det som står i vägen för honom att välsigna dig mer. Detta är ett exempel i mitt liv när jag överlät min vilja till Guds vilja. Om du gensvarar till honom i dessa stunder av val, kommer du att vinna seger i striden om ditt sinne.

STRIDEN OM DINA KÄNSLOR

Striden för vårt sinne och striden för vår vilja är välkända strider för oss alla. Den andra delen av våra själar är våra känslor och det pågår en strid även på detta område. Men jag tror inte att vi har nyckeln till att vinna kampen - *förrän vi har lärt känna och fått uppleva Faderns kärlek*. De flesta kristna tror att du måste förnya ditt sinne, överlåta din vilja och helt enkelt disciplinera ditt känsloliv. Med andra ord, att målmedvetet tro på sanningen tills dina känslor blir som det är meningen att de ska vara. Att om du har tillräckligt stark tro i sinnet kommer det att leda till frid i ditt hjärta, tålamod, godhet och allt det andra. Vi säger ofta saker som: "Jag behöver mer tålamod", men låt mig säga dig - det kan du inte få! Det finns inget tålamod att få. Tålamod är en biprodukt av något annat. Det gäller även för glädje, godhet och mildhet. De är frukter. De kommer från något annat. Andens frukt är känslostyrd och uttryckt. Andens frukt är en produkt av en större, avgörande känsla.

Det pågår en strid om våra känslor. Sanningen är att vi i våra andliga liv kastas fram och tillbaka av våra känslor. Visst skulle du vilja hoppa av denna berg- och dalbana av känslor? Skulle du inte vilja vara på en plats där du inte längre styrs av dina känslor?

Denna strid känner jag väl. Den har varit mycket verklig för mig personligen. Vi kan dämpa och kontrollera våra känslor ett tag, men dagen kommer när allt hinner ikapp. En situation som överväldigar dig uppstår och dammen brister. Då kommer du inse att du inte har kontroll över dina känslor, men jag säger dig att Herren *har* det du behöver.

Vad innebär versen där Jesus säger: "Var vid gott mod, jag har övervunnit världen"? Hur övervann Jesus världen? Det handlar om striden om hans känslor. Satan ville ha kontroll över honom men Jesus stod emot satan. Synden hade ingen kontroll över honom, men han hindrade dessutom att *världen* på något sätt skulle kunna influera honom - han övervann den.

När vi ser på Jesu liv är verkligheten den att under hans sista dagar före korsfästelsen, slungade satan allt som världen kan vräka över en individ, mot honom . Efter att han vunnit över frestaren i början av sin tjänst, sa han sedan att: "Denna världens furste kommer, men han har ingen makt över mig" (Joh 14:30). Jesus visste att den som härskade bakom världens system skulle komma tillbaka för att försöka påverka honom. Jesus visste att satan skulle

Kapitel sex

släppa loss allt han kunde uppbåda för att försöka hindra honom att fullfölja Faderns vilja. I Efesierbrevet 2 kallas satan "...härskaren över luftens välde, den ande som nu är verksam i olydnadens barn". I en annan vers (Upp. 12:9) kallas satan för "den som förleder hela världen". Han är världens ande, han påverkar sättet den fungerar på. Satan styr och får världen att vandra på hans vägar.

Medan vi levde i världen, hade vi ingen motståndskraft mot den. Innan du blir född på nytt, finns ingen frihet från världen. Faktum är att du kanske inte ens tror att Satan existerar innan du föds på nytt. Då börjar du inse att du undkommit hans grepp och du börjar bli fri från honom.

Jesus visste att tiden snart var inne för satans sista attack. Den attacken började i Getsemane. Där ropade Jesus till sin Fader: " ...om det är möjligt, låt denna kalk gå ifrån mig", med andra ord "om det finns något sätt som jag slipper uppleva vad som kommer att ske - låt mig slippa". Därefter överlät han sin vilja till Fadern. Den 'kalk' han bad om att få slippa var *inte* korsfästelsens kalk. Den 'kalk' han talade om var den kalk som bar all synd. Som Guds lamm, skulle mänsklighetens alla synder som någonsin funnits, som nu fanns och som skulle komma att finnas, läggas på honom.

Jag kan inte föreställa mig hur det måste ha varit för Jesus att få hela världens synd lagd på honom. Den sammanlagda skuld och hopplöshet av alla tiders synd kom över Jesus där i Getsemane. Chocken och traumat fick honom att svettas blod. Synd lägger en fruktansvärd börda på individen. När jag blev frälst kände jag en sådan lättnad när syndens börda lyftes av. Då förstod jag inte att Jesus tog den på sig! Det går inte att föreställa sig. Bibeln säger att Jesus *blev gjord* till synd. Med andra ord fick han erfara konsekvensen av all världens synd genom tiderna. Den Helige blev gjord till synd. Denna ohygglighet hände i Getsemane. Jesus förlorade omedelbart känslan av Faderns närhet. Han tillfångatogs och blev slagen. Du har kanske sett filmen *The Passion of the Christ* men den visar inte ens hälften av vad Jesus gick igenom. Han blev slagen med käppar, vilket skulle ha krossat hans ansikte till oigenkännlighet. Sedan piskades han av romarna. En romersk piskning var mycket värre än någon annan. De använde en piska med vassa krokar och benbitar inflätade. Detta separerade köttet från benet och om en människa inte dog av piskningen så var de helt säkert förstörda för livet.

En av de största plågorna för Jesus var att höra Israels ledare ropa ut "Korsfäst honom! Korsfäst honom!" om och om igen. Dessa var Israels ledare som han älskade som en brud. Sanningen är att satan vräkte ut allt han kunde för att få Guds Son att känslomässigt förlora. Men när Jesus hängde på korset, var han mer bekymrad över andra än sig själv. Han visade omsorg om sin mor och Johannes. Han visade omsorg om tjuven som hängde på korset bredvid. Han bad för dem som korsfäste honom. Mitt i allt fortsatte han att göra Guds vilja och förlorade aldrig fästet känslomässigt. Hebreerbrevet 12:2 säger: "...som i stället för den glädje som låg framför honom utstod korsets lidande utan att bry sig om skammen". Hans gensvar var perfekt. Han blev aldrig arg, kände ingen självömkan och gav aldrig upp sitt syfte utan han fortsatte att göra allt perfekt under den mest extrema känslomässiga plåga som någon människa någonsin mött. Han övervann allt världen använde för att förgöra honom, genom att inte känslomässigt beröras och gensvara på ett köttsligt sätt.

HUR JESUS ÖVERVANN VÄRLDEN

Frågan jag ställer mig är - hur gjorde han det? Hur klarade han att hålla balansen? Jag tror att Jesus klarade av att gå igenom allt på grund av hans bakgrund med Fadern. Han var stabil och helt trygg i sin erfarenhet av Faderns kärlek för honom. Han var helt övertygad om att han var älskad av Kärleken i universum, och *den* kärleken gav honom stabiliteten att utstå allt han gick igenom.

Det nya förbundet *är* Guds kärlek som hälls in i våra hjärtan. Hans kärlek fortsätter att fylla ditt hjärta och växa tills hans kärlek till dig blir mer verklig än alla världens problem som du möter. Den känslomässiga verkligheten av Fadern kärlek till dig, kommer till slut att överskugga det känslomässiga tumultet i ditt liv. Hans kärlek blir den högsta verkligheten. Du blir så påverkad av hans kärlek att den automatiskt kommer att producera glädje, även när du möter svårigheter i ditt liv.

Jag kommer ihåg en kvinna som kom till ett av våra möten. Hon hade krockat bilen på väg till mötet och var mycket orolig för att berätta detta för sin man. Faderns kärlek kom över henne under mötet och när hon började skratta, rann ängslan av henne. Faderns kärlek blev allt mer verklig för henne och fyllde henne med glädje. När Faderns kärlek fyller ditt hjärta kommer dina känslor automatiskt att förändras!

Hans kärlek, som fyller ditt hjärta, kommer att göra dig glädjefylld även när dåliga saker verkar hända runt dig. Du kommer aldrig att undgå svårigheterna du möter i världen. De kommer att fortsätta att hända under resten av ditt liv men hans kärlek överskuggar *effekten* av dem. Många av oss försöker ta itu med våra inre problem genom att attackera yttre problem. Vi tror att vi ska få frid i våra hjärtan om allt det yttre blir lugnt. Att om allt blir bra runt mig så kommer jag att bli lycklig. Om allt blir bra på utsidan kommer jag att känna mig bra på insidan. Om allt yttre är strukturerat för att minska frustrationen, kommer jag inte känna mig frustrerad på insidan. Om jag kan förhindra att andra människor är så frustrerande, kan jag vara fri från frustration. Vi försöker fixa de yttre omständigheterna i våra liv för att få frid. Detta är vad argumentation och bråk egentligen handlar om. Disharmoni och aggressivitet mellan människor går ut på detta - om jag bara kan få *dig* att göra rätt, då kommer jag bli lycklig.

Poängen är att - den andra personen *alltid* gör fel. Människor runt dig kommer *aldrig* att agera på det sätt du tycker är rätt. De kommer alltid att göra saker som du blir frustrerad av. I världen *kommer* du att ha svårigheter. Det kommer aldrig att bli annorlunda och det är de bästa nyheter du någonsin kan få! Varför? Därför att då kan du börja ta itu med det. Om du tror att det kan förändras, då kommer du att vänta på den dagen när allt ska bli bättre. Du kommer att vänta på en dag när din make eller hustru förändras eller när dina barn äntligen förstår. Du kommer att vänta på en dag när du får en ny chef eller nytt arbete, eller den bil du önskar dig. Du kommer för alltid att vänta på den perfekta dagen.

Kan du förstå och inse att oavsett vad som förändras till det bättre så kommer det alltid att dyka upp något annat dåligt? I världen *kommer* du att möta svårigheter. Det kommer att fortsätta för resten av ditt liv. Men om elden brinner på insidan, kommer du inte känna den yttre kylan. Om du har frid på insidan, kommer inte det yttre tumultet beröra dig. Om du har inre glädje, kan dina omständigheter förändras men ingenting kan ta ifrån dig glädjen i hjärtat. Om ditt inre är fyllt med substansen av hans kärlek, kommer livets problem inte kunna skaka dig.

Att övervinna världen är inte detsamma som att fixa den. Många människor vill fixa världen. De vill fixa det politiska systemet. De vill få in rätt politiskt parti i regeringen eller rätt president till makten. Många kristna försöker rätta till världen. Vi tror att om vi bara kan rätta till världen runt oss, då kommer vi alla att leva i fred. Sanningen är - det aldrig kommer att ske.

Segern som övervinner världen

Oavsett hur det stormar på utsidan, kan vi ha frid. Gud har skapat en väg. Vilken väg? Det är Faderns kärlek som hälls in i ditt hjärta. Medan hans kärlek fyller ditt hjärta kommer du att utan tvivel att veta att du är älskad av Allsmäktig Gud som är din Far. Jag älskar att påminna mig själv om att min Far är Allsmäktig Gud!

När du blir helt övertygad om att den Allsmäktige älskar dig som en far spelar det inte så stor roll vad som händer runt dig. Världens problem? En småsak! Hans kärlek i ditt hjärta gör så att du kommer att ha frid på insidan, även om det pågår krig i världen. Jag håller på att lära mig att det är bra att leva där. Mitt liv är så annorlunda nu. Det mest betydelsefulla är att min familj också har märkt det. Skillnaden i mig har chockerat dem. Jag är väldigt olik den person jag var tidigare.

Det handlar om att bli som Jesus. Han levde i en värld som var mer ondskefull än idag. Han levde i en förslavad nation och i den fattigare delen av den. Men han växte upp i Faderns kärlek och i frid, glädje, kärlek och förnöjsamhet. Han levde ovanför världens tumult och kan befria även oss från detta!

Förvandlingen i mina känslor kom inte när jag förstod att Gud älskade mig som en far. Det var inte när han helade mitt hjärta från mina många sår. Att jag övervann i mitt känsloliv kom först när jag lärt mig att *uppleva* hans kärlek *oupphörligt*. Att dag efter dag uppleva hans kärlek. Det händer fortfarande alla möjliga saker som hotar att beröra mig känslomässigt. Låt mig berätta en historia för dig som jag upplevt.

För några år sedan befann jag mig i Ukraina. Jag hade rest ut på landet. Det var en tolv timmars resa med tåg från Kiev. Det var en avsides liggande plats och jag skulle predika där under helgen. Det var planerat att jag skulle vara tillbaka i Kiev på måndag morgon för att ta flyget, vilket innebar att jag måste hinna med ett tåg på söndag kväll. När jag kom fram berättar pastorn att han inte kunnat få tag i en returbiljett till mig. Jag frågade honom vad vi skulle göra och han informerade mig om att alla biljetter var slutsålda. Jag beslutade mig för att lita på Gud för att komma tillbaka till Kiev.

Under två dagar betjänade vi på denna avlägsna plats. Trettio minuter efter att vi hade börjat, döpte jag tjugo människor i en damm. Då försvann pastorn och lämnade mig där med några människor. Jag tillbringade sedan fem timmar med dessa människor som inte kunde någon engelska. Jag visste inte vad som pågick eller om jag kunde lita på mannen som lämnat mig där. Till slut kom pastorn tillbaka och körde mig till den plats jag skulle sova den natten. Nästa morgon predikade jag i en kyrka och åkte därefter snabbt till nästa kyrka för att tala. Vi körde fort längs gropiga vägar. När vi kom fram, strax innan jag gick fram för att börja tala, öppnade jag min väska och insåg till min förskräckelse att min vattenflaska hade läckt över min laptop. Jag satte på den men allt som hände var att den visade "kan inte hitta något system". Jag stängde den snabbt men insåg att allt på datorn troligtvis var förlorat. Allt mitt arbete, mina e-mailkontakter, allt var borta. Då var det dags att gå fram och predika om Faderns kärlek.

På något sätt kom jag igenom mötet. De flesta av de åtta hundra personerna som fanns på mötet ville att vi skulle be för dem. Vi bad för så många vi kunde tills vi var tvungna att åka. Vi skyndade oss till tågstationen där pastorn sprang längs perrongen för att försöka få tag i en biljett, vilket han lyckades med. Jag klev på nattåget till Kiev och försökte sova på en smal brits i en fullsatt vagn som stank. Till slut var vi framme i Kiev och hade nittio minuter på oss att ta oss till flygplatsen. Jag skulle flyga till Frankfurt och vidare till München. När vi kom fram till flygplatsen frågar chauffören: "Har du ditt utreseformulär?" Jag frågade: "Vilket utreseformulär?" Jag kom inte ihåg att jag hade fått något när jag kom in i landet, faktum var att de inte ens hade stämplat mitt pass när jag anlände.

Och situationen blev värre. Jag behövde ett formulär för att kunna lämna landet. Efter mycket förvirring och förhandlande på flygplatsen släpptes jag igenom utan dokumentet. När vi kom in i den fulla avgångshallen för att gå ombord hände ingenting vid gaten. Vi väntade i timmar och sedan meddelade de att flyget var inställt. Dessutom var de tvungna att ge ut nya biljetter. Platsen för detta var ned längs en trång korridor. Alla människor som skulle resa med flyget började köa med sitt bagage på denna trånga plats. Det blev kaos och folk var irriterade. Till slut kom jag fram till disken, fick en biljett och gick för att köa för att gå på bussen till hotellet som flygbolaget ordnat för oss. Av någon anledning hade jag en känsla av oro över den flygbiljett jag hade fått. Jag kontaktade en i personalen och bad henne kontrollera biljetten. Hon bara skakade på huvudet - jag hade fått fel biljett!

Jag blev tvungen att lita på att hon skulle ordna rätt biljett. Jag tog ett djupt andetag och gav henne mitt pass. Skulle jag någonsin få tillbaka det? Skulle jag någonsin få lämna landet? Tacksamt nog ordnade hon biljetten och jag kunde flyga till Frankfurt nästa morgon och därefter vidare till München. När jag kom fram och väntade vid bagagebandet, väntade jag förgäves. Mitt bagage var

Att övervinna världen - striden om våra känslor

borta. Eftersom min dator inte fungerade kunde jag inte meddela att jag blivit en dag försenad. Det fanns ingen som mötte mig på flygplatsen. Jag beslutade därför att boka in mig på ett hotell för att få sova men hölls vaken hela natten av att människor gick fram och tillbaka i korridoren utanför rummet. Nästa morgon var mitt bagage återfunnet och väntade på mig. Jag beslutade att ta ett tåg till det hus där jag skulle bo. När jag kom ut på gatan insåg jag att det hotell där jag hade sovit låg mitt i 'the red light district' (där prostitution pågår). Jag ville snabbt därifrån!

Jag klev ombord på tåget till min destination men det blev omdirigerat pga banarbete. När jag till slut kom fram till huset var ingen hemma, men grannarna hade en nyckel och släppte in mig. Jag gick in i huset och stängde dörren bakom mig. Jag lade min laptop i ett torkskåp och den torkade. Till slut var prövningen över.

I denna värld kommer allt som kan gå fel att gå fel. Det *pågår* en strid om dina känslor. Världen kommer att slänga allt den har över dig. Du vinner striden genom att öppna ditt hjärta för Faderns kärlek. När hans kärlek går djupare och djupare in i ditt hjärta kommer du att bli mer och mer övertygad om hans kärlek till dig. När du upplever hur kärleken växer på insidan av dig, så *kommer* den att förvandla dina känslor. Du kommer att börja ha frid även när allt går fel. Hans kärlek betyder mer och blir viktigare än annat som sker. Du kommer att vara engagerad i andras problem även när dina egna är större. Du kommer inte att bekymra dig över dina problem längre när du är fylld av hans kärlek.

Hans kärlek som strömmar in i ditt hjärta är det *enda* du behöver för att vara känslomässigt stabil. Känslomässig stabilitet kommer inte genom att du försöker övertyga dig själv om bibliska sanningar. Verkligheten är - att han älskar dig just nu. Äventyret är - att lära

Kapitel sex

sig att mer och mer uppleva den kärleken. Detta är segerns som övervinner världen.

KAPITEL SJU

Att leva i kärleken

~

Som jag sa i min inledning så har jag skrivit denna bok med ett huvudsakligt syfte. Det är för dem som vill vara evangeliets språkrör för framtida generationer. Jag tror verkligen att evangelium som Gud menade att det skulle predikas, är de goda nyheterna om att vi kan lära känna och uppleva Faderns kärlek. Detta är livets träd, detta är de goda nyheterna.

Min observation av kristenheten genom historien är att det har funnits väldigt lite kärlek. Under de drygt fyrtio år jag varit kristen, har jag lagt märke till hur svårt det har varit för Kristi kropp att älska varandra. Rivalitet existerar mellan ledare i församlingarna. Samfund står emot samfund och avundsjuka finns bland många troende. Stridigheter och splittringar är vanliga inom Kristi kropp. Man talar mycket om kärlek men den saknas oftast i det verkliga livet. Det verkar finnas en stor klyfta mellan detta och vad Nya testamentet talar om som en levande verklighet.

Många uttalanden i Nya testamentet är förbryllande. Petrus erkände till och med att en del av Paulus uttalanden var svåra att förstå. Även en del av Johannes uttalanden är också mycket svåra att ta till sig, ända tills du kommer till en insikt om vad han talar om. Jag vill titta på några detaljer i Johannesbreven, speciellt i 1 Johannes kapitel 4. Detta brev har några uttalanden som jag har kämpat med, speciellt i vers 8 som säger: *"Den som inte älskar, har inte lärt känna Gud".* Vi förväxlar det bibliska begreppet om kärlek med vår egen mänskliga förmåga att älska. När Bibeln talar om kärlek, talar den om *Guds kärlek* och det är en speciell form av kärlek.

Många känner till de grekiska definitionerna av kärlek - *phileo, eros, storge* och *agape.* Dessa ord används för att beskriva kärleken i sina olika uttryck. Vi har försökt förstå Skriften genom att definiera det ord som använts i specifika textavsnitt. Vi kan titta på originalspråket och se vilket ord som används. Vi har resurser som grekiskt-engelskt lexikon eller Vine's Expository Dictionary. Dessa resurser ger oss ett begrepp om vad ordet faktiskt betyder och de hjälper oss, men i verkligheten kommer vi aldrig att förstå vad Bibeln menar *förutan* uppenbarelse. Om inte kärlekens *substans* faktiskt berör oss och om inte Gud verkligen öppnar våra ögon, kommer vi inte kunna förstå vad Skriften avser att lära oss. Studier kan hjälpa oss att förstå många saker, men även det är bristfälligt i jämförelse med när den Helige Ande öppnar våra andliga ögon för att verkligen se.

Jag kommer ihåg att jag hade en diskussion med en man för många år sedan och jag frågade honom: "Tror du att vi kan förstå Bibeln helt enbart genom studier?" Hans svar var ett absolut "Ja!" Då svarade jag att "det är skillnaden mellan dig och mig för jag tror att man bara kan förstå Bibeln genom uppenbarelse!" Bibeln skrevs av människor *i* personlig väckelse, *om* väckelse och kan bara förstås på rätt sätt *i väckelse.* Den kan bara förstås i ljuset av Guds påtagliga närvaro i våra liv. När jag använder ordet 'väckelse', talar jag inte om fenomenet av utgjuten väckelse, utan jag talar om ett hjärtats väckelse när en individs hjärta öppnas av den Helige Andes beröring. Guds Ande som bor i dig kommer att lära dig det som står skrivet. I 1 Joh 2:27 står det om *"den smörjelse som förblir"*- smörjelsen är Guds Ande på insidan och det är bara Guds Ande som verkligen kan tolka Guds Ord för oss. Våra egna studier kan aldrig klara detta.

När vi läser det fjärde kapitlet i Johannes första brev ser vi omedelbart ett problem som berör vår förståelse av kapitlet. Problemet är att Johannes inte skrev i en logisk följd. Faktum är att Bibeln i dess helhet inte är skriven logiskt eller i en följd. De största ämnesrubriker och kärnpunkter är gömda inom själva texten. De skrivs inte med fet text eller är understrukna så det är lätt att få tag i för den som bara läser Bibeln ibland. Den Helige Ande behöver framhäva dem i vår ande. Exempelvis har vi inte punkt 1 följt av punkt 2 med underrubriker. Om Bibeln hade varit skriven på det sättet skulle det ha varit så mycket lättare att förstå vad som egentligen står. Bibeln öppnar sig inte till den som närmar sig Gud på ett lättvindigt och nonchalant sätt. Ordet öppnas för ditt hjärta genom Anden.

Jag vill belysa några uttalanden som gjordes av aposteln Johannes som jag upplever som de viktigaste styckena i detta brev. Det första av dessa står i vers 19. Hela kapitlet och dess sammanhang hänger på vad denna vers säger. Där står: "Vi älskar honom därför att han först har älskat oss." Denna vers proklamerar entydigt att vi inte kan komma in i kärleken om vi inte har upplevt verkligheten och erfarenheten av att Gud först har älskat oss. Det är själva kruxet.

GUD – KÄRLEKENS URSPRUNG

Gud är den ursprungliga älskaren. Han älskade dig innan du någonsin älskade honom. All energi, substans och verklighet av att känna Guds kärlek för andra, kom ursprungligen i vår upplevelse av att vara älskad av honom. Vi älskar därför att han *först* älskat oss.

Kapitel sju

Han älskade oss inte som en engångshändelse i historien utan han älskar oss oavbrutet. Ibland har vi en tendens att isolera bibelord som "För så älskade Gud världen.." till dåtid, när Jesus levde. Vi tar det som ett rent historiskt faktum att han sände sin Son att dö för oss men frågan är, älskar Gud fortfarande världen idag? Vi har inga problem med att han älskade världen under det första århundradet, då Jesus föddes som en baby i ett stall i Betlehem, men älskar Gud fortfarande världen *idag*? Älskar han till exempel muslimerna idag? Älskar han *fortfarande* kriminella och prostituerade tvåtusen år senare? Ibland känns det lite osäkert på insidan när jag tänker på detta. Vi hanterar det faktum att Gud älskade världen i det förflutna. Det är ganska enkelt att förstå därför att den grymma och brutala verkligheten ligger så långt tillbaka i tiden. *Men älskar han världen på samma sätt idag?* I vår värld idag, som vi upplever det, har vi svårt att älska människor som gör sådant vi inte tycker om. Men är det fortfarande sant att Gud älskar *denna* värld som vi och alla andra lever i *nu*?

Det skulle vara intressant att veta hur världen på Jesu tid verkligen såg ut. Vilken ondska och brutalitet pågick i världen när Jesus vandrade på jorden? Vi vet att grymheter som slaveri förekom. Slaveri fortsätter att vara av de större ondskefulla problem i världen idag, men det var en ännu större plåga på den tiden och genomsyrade hela samhällsstrukturen. Vad hände exempelvis i Kina under de åren Jesus vandrade på jorden? Vad försiggick i något avlägset rike som de skrivkunniga på den tiden inte kände till? Världen under Jesu tid var inte en bättre värld och därmed lättare för Gud att älska. Hans kärlek flödade inte mer fritt under det första århundradet än den gör under det tjugonde århundradet. Han älskar världen konstant! Vi verkar koppla bort den verkligheten. Vi har svårt att förstå att Gud älskar varje människa i världen just nu.

Johannes säger att vi älskar honom *därför* att han först har älskat oss. Hela kapitlet vilar på detta uttalande. Det är i min uppfattning att detta är den sanna överskrift vilken Anden understryker. Detta är *uttalandet* som Han har skrivit i fet stil. Det definierar alla andra uttalanden om kärlek.

KÄRLEKEN ÄR DET SOM UTMÄRKER SANN KRISTENDOM

Om vi läser bakåt från vers 19 finns där ett annat uttalade i vers 7 som jag önskar belysa. Jag brukade ha svårt för det uttalandet. Brevet var skrivet av aposteln Johannes till en kristenhet där felaktiga inflytanden redan hade fått stora insteg. En av de största villolärorna på den tiden var gnosticismen och den infiltrerade den tidiga kyrkan på ett betydelsefullt sätt. Johannes skrev detta brev för att motsäga det inflytandet genom att beskriva vad sann kristendom faktiskt är. Detta är mycket intressant. Varför? Därför att en stor del av detta brev handlar om kärlek. I brevet förkunnar Johannes entydigt att det är kärleken som utmärker sann kristendom. Vers 7 i kapitel 4 lyder: *"Mina älskade, låt oss älska varandra, för kärleken är av Gud och var och en som älskar är född av Gud"*. Jag kommer ihåg att jag läste det uttalandet och hade verkligen svårt för det.

Jag hade en släkting som var en väldigt kärleksfull person, men så vitt jag vet var hon inte kristen. Hennes många syskonbarn uppskattade verkligen att vara hemma hos henne för hon var en sådan underbar människa. Hon uttryckte aldrig att hon var 'född på nytt.' Ändå säger denna vers att alla som älskar är födda av Gud! Hur passar det in? Var min släkting kanske en dold kristen? Så vad innebär då detta uttalande av Johannes?

Frågan här är hur ordet 'kärlek' definieras. Det handlar inte om en

Kapitel sju

person som älskar på ett rent mänskligt vis eller som har en naturlig fallenhet att vara en kärleksfull person. Uttalandet i Johannes brev talar om en människa som har tagit emot *Guds kärlek*. Sanningen är att om du har tagit emot Guds kärlek, då *kommer* du att älska. Du kan inte låta bli.

"Alla som älskar är födda av Gud och känner Gud." Sedan fortsätter det: "Den som inte älskar har inte lärt känna Gud för Gud är kärlek." Dessa uttalanden har varit ett stort problem för mig. Jag undrar hur många andra som också kämpat med dem. Den som inte älskar, känner inte Gud! Varför orsakade det så mycket bestörtning genom åren? Jo, därför att jag trodde att det betydde att den som inte älskar, inte är *född på nytt*.

Du förstår att jag satte likhetstecken mellan 'att känna Gud' och att vara 'född på nytt.' När du blir född på nytt, det är då du lär känna Herren och Gud i Jesus blir verklig för dig. Eller hur? Så i mitt tänkande ifrågasattes denna vers verkligheten av att bli född på nytt. Jag var helt säker på att jag var pånyttfödd men där fanns många människor som jag inte älskade. Jag kämpade verkligen med att älska vissa människor i mitt hjärta. Sanningen var att när jag kom till Herren kände jag ingen tillit till människor i mitt hjärta. Jag litade faktiskt inte på någon alls. Jag hade förkastat världen. När jag var en ung man önskade jag bara att få leva som en eremit uppe bland bergen. Anledningen till det var att jag trodde att människor bara skulle såra, orsaka mig smärta och förkasta mig. Jag trodde att om jag levde utan människor, skulle jag kunna leva utan smärta. Jag blev därför en hjortjägare som levde ensam bland bergen. Jag sköt hjort, bar ned dem till staden, sålde dem och gick tillbaka upp i skogen innan mörkret föll för att sedan åter vara ensam. Från 10 års-ålder hade jag en stark pressande längtan att leva som en eremit, men problemet var att jag inte klarade av ensamheten och det insåg jag snart.

Sedan dess har jag insett att jag måste varit oerhört arrogant för att kunna förkasta hela mänskligheten, för att jag tyckte att de inte hade något riktigt värde! Jag har ofta sagt till Denise att det kändes som om jag satt på utsidan och iakttog mänskligheten genom ett fönster. Under åren har jag har ofta sagt till henne: "är jag verkligen en människa"? Jag kände mig så annorlunda jämfört med hur jag upplevde att alla andra människor var.

Angående uttalandet i vers 7 - "Den som inte älskar, känner inte Gud" - hur går du vidare med detta när du vet att du är pånyttfödd, men inte har kärlek till människor i ditt hjärta? Jag tror att vi alla, mer eller mindre kan identifiera oss med detta. Herren har under åren gjort ett stort arbete i mitt hjärta och jag har kommit en bit på vägen. Vad denna vers *inte* säger är - att om du inte älskar är du inte född på nytt. Vad den säger är - att om du inte älskar, är du inte kopplad till Faderns kärlek. Detta är den sanna meningen - att om du inte älskar, känner du inte honom nära i det ögonblicket!

När du lever i en nära och intim kontakt med Faderns kärlek, kan du inte göra något annat än att älska. Det handlar enkelt uttryckt om orsak och verkan. När du är i en nära kontakt med Faderns kärlek, kommer det automatiskt att få dig att älska andra med samma kärlek. Det handlar inte om att vara 'pånyttfödd' utan om att ha verkligheten av den kärleken i ditt hjärta. Om ditt hjärta inte är fyllt av kärlek, känner du inte honom i det ögonblicket. Då har du inte den nära kopplingen med att Gud älskar dig med *sin* kärlek just då.

Låt mig ställa dig några frågor:

Är du och jag i detta ögonblick *i* Faderns kärlek?

Kapitel sju

Upplever du och jag att han älskar oss just nu?

Ett av testerna är detta: Om du inte älskar andra - är du inte i sammankopplad med Faderns kärlek. Så enkelt är det.

Det spelar ingen roll vad du hävdar eller säger med din mun. Om Guds kärlek inte kommer ut ur oss, kommer inte Guds kärlek *in* i oss. Vi älskar därför att han först har älskat oss. Hela poängen är att bli älskad av honom. Många av oss har dåligt samvete när vi inte älskar andra tillräckligt. Vi känner ofta att vi behöver omvända oss för att vi inte älskar den andra personen nog. Låt mig säga detta. Jag är inte övertygad om att omvändelse är det som som är i fokus här. Jag tror att det viktiga är att inse att du har glidit ifrån Faderns närhet, därför att om du är nära Honom kommer ditt hjärta att vara fyllt av kärlek till andra. Vi kopplar ofta ihop omvändelse med känslor som samvetskval och sorg över att vi inte kan uppfylla Guds krav. Därefter känner vi behovet att känna oss skyldiga, blir ledsna över detta och be om Guds förlåtelse. Detta är vad vi tror omvändelse betyder. Men omvändelse betyder egentligen att 'vända om'. Sorg, ledsamhet eller en känsla av skuld har ingen koppling till detta. Den ursprungliga meningen med det grekiska ordet *metanoia* är att 'vända om och se åt andra hållet.' Det handlar om att ändra sitt tankesätt. När vi omvänder oss, vänder vi oss tillbaka till Gud, hans kärlek och att ta emot Hans kärlek.

Många människor har gråtit många tårar när de bett Gud om förlåtelse för deras synder. Samvetskval och ånger är personligt för varje individ. Några känner oerhörda samvetskval över deras syndiga liv och det är både lämpligt och gott - men det innebär inte i sig en omvändelse. Omvändelse med känslor är inte mer värd än en omvändelse utan känslor. Många vill se den ångerfulla syndare omvända sig i tårar inför Gud, men det är faktiskt inte ett krav för omvändelse. Det kan vara nödvändigt för att släppa ut känslor, men är inte någon nödvändighet för omvändelsen. Omvändelse är produkten av samvetskvalen och sorgen. En del människor kan vara extremt sorgsna över sina synder men ändå inte förändras, så att vara ledsen är inte omvändelse. Det som krävs av omvändelse är att vända om, ändra sitt tankesätt och gå i motsatt riktning. När vi upptäcker att vi saknar kärlek för andra människor handlar det inte om att ha dåligt samvete och försöka bättra sig i framtiden. Det går inte - du kan inte! Det kommer från Honom, det är Han som motiverar dig! När det finns delar av oss som inte älskar, måste vi inse att det beror på vår brist i att ta emot Hans kärlek i våra liv.

KÄRLEKEN ÄR EN SUBSTANS

Vi måste inse att substansen av hans kärlek är poängen med kristendomen. Kristendom handlar inte om *budskapet* om hans kärlek eller om sanningen om att han älskar oss. Det handlar om att ta emot själva *kärleken*. Att bara förstå begreppet om hans kärlek till dig, kommer inte att förändra dig. Det som kommer att förändra dig är hans verkliga kärlek som fyller ditt hjärta. Det är inte att du bejakar den teologiska sanningen som kommer att hela dig och sätta dig fri. Det är *substansen* av Faderns kärlek som kommer att göra det. Att leva i den pågående erfarenheten av att vara älskad av Fadern är vad sonskap är. Det är vad vi behöver vara fokuserade på. Vi bär *hans kärlek*, inte budskapet om hans kärlek, till världen. Vi är bärare av *hans kärlek*. Det är en av anledningarna till att jag varit obekväm med termen "Budskapet om Faderns kärlek". De som använder denna term har inte riktigt förstått poängen. Det är substansen av Hans kärlek som vi bär - inte budskapet om den. I detta kapitel talar Johannes om den *verkliga substansen* av Faderns kärlek.

Jag har börjat inse att substansen av Guds kärlek faktiskt är samma substans som Gud själv. Det är hans liv. Det är inte bara att han älskar dig, utan att när han kommer är du älskad, för Gud *är* kärlek. Substansen av hans kärlek *är* hans närvaro. När vi började inse att kärleken är en substans, var det dörren till denna pågående uppenbarelse.

Låt mig ge ett exempel på vad jag menar när jag säger att kärleken är en substans. När jag var en ung pojke bodde jag i en liten stad på Nya Zeeland. Det var en stad på landet och de som bodde där var till största delen bönder med sina familjer. Männen arbetade hårt med jorden, var väderbitna och hade valkiga händer. Jag hade aldrig hört någon man sjunga innan jag hade fyllt tolv år. Män sjunger inte där jag kommer ifrån!

Jag kommer ihåg en tillställning i Folkets Hus när jag var omkring fjorton år gammal. Jag kommer inte ihåg anledningen till att vi träffades men att det var cirka trettio människor som samlats. För mig var det en stor samling människor. På den tiden var jag en mycket deprimerad och känslomässigt sårad ung man. Människor brukade säga att jag var trumpen, men de hade ingen aning om vad som föregick på insidan av mig. Jag kände mig fullkomligt utanför och förlorad. Jag kommer ihåg en man som sa till mig: "du borde inte vara så ledsen - dessa är de bästa åren i ditt liv"! Jag tittade på honom och tänkte, *"menar du att det blir värre?"* Lite senare tog jag ett gevär, laddade det med en enda kula och satte mig vid ett träd i mörkret. Med det laddade geväret bredvid mig tänkte jag, att om livet blev värre än så här ville jag inte vara kvar för att uppleva det. Så var mitt liv då.

Så när jag var på denna samling kommer jag ihåg att något hände som fick alla att börja skratta. Alla skrattade utom jag och som jag senare insåg, en annan man. När jag stod vid väggen och iakttog

Att leva i kärleken

dem som skrattade och kände mig utanför, såg jag plötsligt in i blicken av en man som iakttog mig. Det var Ross, pappan till mina bästa vänner som var identiska tvillingar. Ross var en fåraherde uppe på Sydöns högland i Nya Zeeland. Under perioden när man klipper fåren, arbetade han från morgon till kväll. Det är ett av de hårdaste jobben man kan ha, anser jag. Han arbetade i ett skjul i dagens hetta under många, långa timmar där luften stod still. Att hela tiden stå böjd och täckt av lanolin från ullen är ett extremt hårt arbete. Ross berättade att han flera gånger om dagen fick gå till badrummet för att hosta upp blod som berodde på ren utmattning. Han slet hårt från soluppgång till solnedgång sju dagar i veckan för att försörja sin familj.

Eftersom jag bara var fjorton år vid mötet i Folkets Hus, kände jag inte min väns far som Ross utan som 'Mr Smith'. Min blick mötte hans när skrattet bröt ut i salen och jag kan fortfarande se hans väderbitna ansikte framför mig och hur hans ögon kisade för att stänga ute det intensiva ljuset från solen. Han tittade på mig tvärs över rummet och *höjde ett ögonbryn*. I det ögonblicket kände jag hans kärlek. Jag visste inte att han älskade mig innan detta ögonblick, men hans kärlek till mig överfördes tvärs över rummet och jag visste att han älskade mig. Jag kände substansen av hans faderliga kärlek. Detta var ett avgörande ögonblick i mitt liv, ett ögonblick som jag aldrig har glömt. Ross var en stillsam man men stark som stål. Senare tillbringade jag mycket tid med honom och hans tvillingpojkar. Vi la ut fällor, fiskade och jagade tillsammans. Han var en viktig person i mitt unga liv. Den kvällen när han tittade på mig tvärs över rummet och höjde ena ögonbrynet, lärde jag mig något som jag aldrig har glömt. Jag lärde mig att kärlek *är en substans*.

En människa kan uttala orden "jag älskar dig", men om det inte finns någon substans som överförs betyder de ingenting. Samtidigt kan en annan människa höja ett ögonbryn och du fylls av kärlek - därför att kärlek är en substans.

När vi läser orden "Vi älskar därför att han först har älskat oss" är det som om Gud var på andra sidan rummet, fångade din blick och lyfte på ena ögonbrynet. På något oförklarligt sätt upplever du att han älskar dig. I det ögonblicket när det händer, *kommer* du att älska världen. Du kan inte låta bli när du är älskad av honom. Uttalandet "Vi älskar för att han först har älskat oss" handlar inte om frälsningen. Det handlar inte om upplevelsen av att bli född på nytt, utan det talar om den levande kopplingen med Gud - Fadern. Fadern är källan till all kärlek. Jesus älskar oss, det är sant! Men han älskar oss med sin Faders kärlek. Paulus skriver tydligt i Romarbrevet 8:39 att "...ingenting ska kunna skilja oss från Guds kärlek i Kristus Jesus, vår Herre". Kärleken från Gud Fadern är i Jesus. I den sista versen i Joh 17, ber Jesus till sin Fader och använder dessa fantastiska ord:

> *"Jag har gjort ditt namn känt för dem, och jag ska göra det känt, för att kärleken som du älskat mig med ska vara i dem och jag i dem."*

För att kärleken som Fadern älskar sonen med *ska vara i oss*. Med andra ord bad Jesus att vi ska få uppleva Faderns kärlek på samma sätt som han, sonen, upplevde att Fadern älskade honom. Detta är en fantastisk bön - att vi skulle få känna samma kärlek som Fadern har för sin älskade son.

GÖR KÄRLEKEN TILL DITT FRÄMSTA MÅL

Detta är de goda nyheterna! Hela evangeliet är inneslutet i detta. Jesus dog på korset för att ta bort allt det som är i vägen för att du och jag ska kunna komma in i Faderns kärlek! Vi kan känna till detta mer som ett begrepp än som en upplevd verklighet. Jag önskar verkligen att du som läser denna bok ständigt söker efter att uppleva den kärleken! Sträck dig efter att fortsätta att uppleva verkligheten av hans kärlek till dig. Jag tycker om hur The Revised Standard Version uttrycker den första versen i 1 Korintierbrevet 14: *"Gör kärleken till ditt främsta mål".* Det innebär inte att du ska sträva efter att bli en kärleksfull människa, utan det betyder att du ska göra den kärlek som Fadern har till ditt främsta mål - för Gud *är* kärlek.

Vad jag har upptäckt är detta - om du älskar kan du inte bli förolämpad. När du lever i Faderns kärlek är det omöjligt. Någon berättade nyligen för mig hur sårade de hade blivit över några kommentarer som uttalats av någon annan. Jag frågade: "vad är det i dig som kan bli sårad"? För om det finns kärlek i dig, kan du inte bli sårad eller kränkt. Kärleken överskyler alla förolämpningar. Kärleken säger: "jag bryr mig inte om vad ni gör mot mig, för jag älskar er". När Jesus hängde på korset, älskade han dem som hade satt spikar i hans händer och fötter. Han ville att de skulle bli förlåtna. Hans önskan var att de skulle gå fria. Kärleken kan inte nås av förkastelsens smärta. Du kan bara känna dig förkastad om du inte är i kärleken. Du kan bara bli sårad om du inte är innesluten i kärleken. Du står på en oerhört stark plats när du står i kärleken. Faktum är att det är den enda platsen där du står helt fri.

Vad händer när du inte är i Guds kärlek? Du blir sårbar därför att man kan leka med dina känslor. Människor kommer att rubba dina känslor och manipulera dig. De kommer medvetet eller omedvetet att göra saker som får ditt liv att bli som en känslomässig berg- och dalbana. I varje situation som du befinner dig kommer du att vara utsatt för upp- och nedgångar i dina känslor, beroende på hur du upplever att andra behandlar dig. Något de säger eller hur de ser på dig kommer att få ditt känslomässiga hav att gunga. I kärleken finns inget utrymme för att känna sig förkastad om någon inte gillar dig. Du är trygg och ingen kan komma åt dig när du befinner dig i Faderns kärlek. Hur skulle förkastelse eller någons önskan att såra oss, kunna röra vid oss när vi är inneslutna i verkligheten av att vara totalt älskad av universums Skapare?

När vi känner oss sårade och förkastade behöver vi inse att det beror på att vi i det ögonblicket inte är fullt sammankopplade med hans kärlek. Det är den verkliga orsaken. Det handlar inte om att du inte behagar Gud eller att du inte är en bra nog kristen. När du kopplar ditt hjärta med hans kärlek och inser djupet av hans kärlek till dig, kommer du att bli en kärleksfull person.

För många år sedan, när Denise och jag var unga kristna, planterade vi (tillsammans med ett annat par) en ny församling i den lilla stad där vi bodde. Vi hade bott där sedan vi gifte oss och hade rest ca 5 mil till kyrkan varje vecka. Vi beslutade oss därför att plantera en ny liten församling i staden där vi bodde för att kunna förmedla det andliga liv som vi hade fått uppleva. Vi hyrde en sal och började ha möten där. Efter ett tag hade vi samlat ca 60 människor. Vi döpte de nyomvända i en liten bäck och de bildade kärnan i den gemenskap som vi nu gav all vår energi till.

Efter att vi hållit på ca ett år blev Peter och jag inbjudna av de äldste i en annan kyrka att komma till deras möte en kväll. Vi var överlyckliga över deras inbjudan. Vi trodde att de ville uppmuntra oss och verka för enheten i Kristi kropp i vår stad. Så vi gick till de äldstes möte fulla av vår ungdomliga naivitet. Vi blev välkomnade med småkakor och te och efter en trevlig stund av samtal gick vi till nästa rum och satte oss ned i mötet. Under de kommande tre

Att leva i kärleken

timmarna bombarderade de oss med varningar och sa att vi omedelbart måste sluta med det vi gjorde i vår nya kyrka. De hävdade att vi var i uppror och att vi stod emot Guds vilja för staden. Det de egentligen ville var att vi skulle bli en del av deras kyrka och föra in Andens liv som vi upplevde, till *deras* ungdomar.

Vi lämnade mötet och kände oss illa tilltygade och sårade över allt som blivit sagt. Peter körde hem mig till vårt hus som låg på landet helt omgivet av fält och utan andra hus i närheten. När vi kom fram, vände han sig mot mig och sa: "Innan du går in, låt oss be en stund". Vi hann inte säga något mer därför att i samma ögonblick som vi vände oss för att be tillsammans, kom Guds kärlek plötsligt och fyllde bilen. Guds kärlek fyllde hela bilen och oss. Det kändes som en lång stund och vi kunde inte göra något annat än att bara hålla i varandra medan Guds närvaro fyllde oss. Vi omfamnade varandra och grät. Vi var överväldigade och förundrade över intensiteten av hans närvaro.

Till slut gick jag ur bilen och Peter åkte hem. När jag gick mot huset såg jag att lampan lyste i sovrummet. Denise väntade på mig. Jag gick direkt upp till sovrummet där Denise satt i sängen. Hennes första ord var: "Hur gick mötet?" Allt jag kunde säga var: "vilka fantastiska människor!" Jag kunde inte få fram något annat än hur underbara de äldste i den andra församlingen var. I mitt sinne tänkte jag: *"jag vet att det inte är hela sanningen om vad som hände i mötet ikväll"*, men kunde inte komma ihåg något som sagts under kvällen. Du förstår, kärleken kan inte bli förolämpad. När Guds kärlek fyllde bilen, insåg jag att jag inte kunde komma ihåg några av de hårda ord som uttalats mot Peter och mig. Kärleken kan inte bli förolämpad, den kommer inte ens ihåg synder mot den. Det är därför Gud säger i Hebreerbrevet 8:12: "...deras synder ska jag aldrig mer komma ihåg". När Denise hörde mig prata om hur underbara

Kapitel sju

dessa äldste var, trodde hon att vi skulle besöka den andra kyrkan i fortsättningen! Det gjorde vi inte.

Jag har insett något om kärlek. Kärleken förvandlar dig till att bli allt det Gud har menat att du ska vara. Kärleken gör dig till en mogen kristen. Kärleken får dig att omedvetet vända andra kinden till, därför att den andra personen kommer att vara viktigare för dig än att bevara din egen kind! Det innebär inte att vi biter ihop och motvilligt tänker att *jag måste vända andra kinden till*. Kärleken har omsorg om den andre istället för att försöka behålla den egna självrespekten.

För många år sedan när jag undervisade på en bibelskola, träffade jag en ung maori kille som bodde på skolan. Han var en mycket arg ung man och vi försökte hjälpa honom. En dag hade jag talat med honom om Herren och senare på kvällen efter vår gemensamma måltid, gick jag till disken i matsalen för att hämta en kopp te. När jag stod där kom han till disken och plötsligt lyfte han upp tekannan, (det var en stor tekanna), och kastade det varma teet i mitt ansikte. Teet var nästan kokande och han kastade det rakt i ansiktet på mig. Det kom in under mina ögonlock, in i min mun och upp i mina näsborrar. Ända tills idag har jag undrat varför jag inte fick allvarliga brännskador. Jag kommer ihåg att jag bara såg på honom. Allt jag kunde se, var en ung man som var fångad i sin egen ilska och smärta. Inget i mig brydde sig om mitt eget välbefinnande. Min enda omsorg var för den här stackars killen som var så driven att han kastade innehållet av en tekanna i mitt ansikte. Jag var orolig för den fruktansvärda situation han befann sig i. När du är sammankopplad med kärleken, kommer den kärleken att få dig att älska villkorslöst. Den närheten till Guds kärlek är vad som skapar kärlek till och för andra. När du inser att du har för lite kärlek behöver du komma till Gud och låta honom fylla dig.

KÄRLEKEN ÄR DRIVKRAFTEN
SOM GÖR DIG TILL EN KRISTEN

Den sista versen som jag vill lyfta fram är vers 20 i det fjärde kapitlet i 1:a Johannesbrevet. Detta är ytterligare en vers som jag kämpat med i mitt kristna liv. Där står:

"Om någon säger att "jag älskar Gud" och hatar sin broder, så är han en lögnare. Den som inte älskar sin broder som han har sett, hur kan han älska Gud som han inte sett?"

Detta är ett av yttrandena i Skriften som verkligen behöver läsas omvänt. Därför att om du kan ta emot Guds kärlek som du inte kan se, då kommer du ha kärlek till din broder som du kan se. Detta kopplas starkt till versen där det står: "vi älskar därför att han först har älskat oss". Du förstår att om du säger att du älskar Gud men hatar din broder innebär det enligt Johannes, att du är en lögnare. Varför? Jo, därför att du behöver ta emot Guds kärlek för att verkligen älska din broder. Det innebär inte att du inte är en kristen eller att du inte skulle vara 'pånyttfödd'. Men det innebär att du inte lever i Guds kärlek. Du befinner dig inte i flödet av att vara älskad av honom och att du älskar honom tillbaka.

Sanningen är att du faktiskt inte kan älska Gud, du kan bara älska honom tillbaka. Du kan bara gensvara på den kärlek som han har för dig. Att tala om att älska Gud, handlar om en ömsesidig upplevelse av att vara älskad av honom och att gensvara den kärleken. Om du hävdar att du älskar Gud och ändå hatar din broder är du faktiskt lurad. Det är inte sant att du kan älska Gud och hata din broder eller syster. Om du befinner dig i flödet av Guds kärlek till dig och du älskar honom tillbaka, kommer det vara omöjligt för dig att känna något annat än kärlek för dina syskon. Min vän och broder Stephen Hill, har uttalat en stark sanning. Han sa: *"om du älskar Gud mer än du har uppenbarelse och erfarenhet av att han älskar dig, är det bara en religiös känsla av tillgivenhet"*. Det är så sant. Om vi älskar utan att leva i sanningen av att han älskat oss först är det bara vår egen entusiasm. Vi kan bara älska Gud *tillbaka*. All kärlek vi har för Gud och andra människor är endast ett gensvar och ett utflöde av Hans kärlek till oss.

Låt mig säga detta: **Kärleken ger kraft åt kärleken. Den kristna tron har en inneboende kraft som driver den framåt. Du behöver inte forma dig själv till att bli en kristen. Om du överlåter dig till sann kristendom, kommer den att göra dig till en kristen.**

Att vara en kristen är att stå i Guds kärlek som flödar in i ditt hjärta. När Guds kärlek flödar in i ditt hjärta, kommer du att bli allt en kristen kan vara. Du kommer att bli allt det en kristen borde och vill vara. Det sker automatiskt.

När hans kärlek flödar in i ditt hjärta kommer du att ha frid på insidan, även om du inte ha en plan för ditt pensionärsliv. Om du inte upplever att han älskar dig, kommer du att leva i fruktan. Om du lever i tro, kommer du att ha frid. Om du upplever att han älskar dig, kommer du att ha glädje. Att vara älskad fyller oss med glädje och glädjen är Andens frukt. Det är innebörden av 'Andens frukt'. Om Guds kärleks Ande fyller ditt hjärta, kommer den kärleken att producera frukt i dig. Kärleken producerar glädje, frid, vänlighet, mildhet, tålamod, självbehärskning och så vidare. Denna frukt (Gal 5) är i singular - det är 'frukt' - inte 'frukter.' När den Helige Ande fyller våra hjärtan med Guds kärlek produceras alla dessa omedelbart. Du kan inte vara svag i *en* frukt som du behöver 'arbeta' med

Att leva i kärleken

- kärleken producerar denna frukt utan förbehåll eller undantag.

Jag har alltid kämpat med den sista på listan - självbehärskning. Den verkar vara negativ i jämförelse till de andra som är positiva. Jag brukade tänka - och människor brukade använda det mot mig - att 'självbehärskning' är kapaciteten att disciplinera sig själv och tygla sina naturliga begär. Människor brukade säga till mig: "Anden ger dig självbehärskning, så behärska dig!" Jag hade alltid förstått det som att självbehärskning är en disciplin för att inte synda, som en befallning att tämja sin lusta och köttets begär. Så här förstår jag det nu - det innebär självbestämmande. Med andra ord, när kärleken kommer in i ditt liv kommer du att vara fri från något yttre som styr. Du kommer att leva ditt liv genom kärleken på din insida. När Guds Ande fyller mig, blir jag ledd av Anden. Så även om de försöker korsfästa mig för att försöka hindra mig från att leva på det sättet, är jag ledd av den Helige Ande på insidan av mig som styr mig. Det handlar inte om synd. Guds Ande bestämmer vart jag ska gå och vad jag ska göra. Ingen tvingar mig. Genom Anden har jag självbestämmande.

Jag tror att detta är exakt vad det innebär. Om mitt liv bestäms av kärleken inom mig är slutsatsen att - kristendom faktiskt är anarki. Jag är fri från att behöva lyda landets lagar - *men bara* om jag vandrar med Fadern i den ömsesidiga kärleken mellan honom och mig. Om kärleken styr mig, behöver jag inte tänka på vad mitt lands lagar är. Kärleken kommer automatiskt att uppfylla varje lag.

Slutligen är Faderns kärlek den avgörande faktorn i ditt liv. Se din nära koppling med Gud Fadern som en barometer i ditt livs atmosfär. Om jag har negativa tankar om andra människor, är det inte mina negativa känslor som är problemet utan att jag förlorat närheten med Fadern. När du märker dessa saker i ditt liv, är de

Kapitel sju

symtom på att du har tappat kontakten med Faderns kärlek. *Kom då tillbaka till hans kärlekt till dig!* Oavsett vad det gäller, kom tillbaka till detta, för hans kärlek kommer att ge dig den frid, glädje, tålamod eller vad det nu är som du behöver. En del människor säger: "Jag behöver verkligen lära mig att ha mer tålamod". Det kan du inte. Tålamod är en frukt av något annat. Tålamod kommer från en större verklighet. När hans kärlek fyller ditt hjärta och du älskar någon, har du inte något problem med att vänta. Du väntar glatt i tio år, tjugo år eller mer. Du kommer att vänta till slutet av ditt liv. Abraham fick löften som inte blev uppfyllda under hans egen livstid. En del ord som Gud har talat över ditt liv kommer inte att gå i uppfyllelse under ditt eget liv. De går i uppfyllelse i dina barns liv. En del profetior Gud har givit dig kommer inte att gå i uppfyllelse, men om du tror dem genom hela livet, kommer de att gå i uppfyllelse i dina barns eller barnbarns liv, eftersom profetia löper genom generationerna. Abrahams profetior fortsätter att uppfyllas idag men enligt Hebreerbrevet fick han inte se det. Kärleken ger dig tålamod. Kärleken ger dig allt detta.

Ibland säger människor till mig: "Vad kan jag göra? Vad finns det för mig att göra i församlingen?" Mitt svar på den frågan blir oftast: "Bara fortsätt att njuta av Faderns kärlek. Om du fortsätter att njuta av att hans kärlek fyller ditt hjärta, kommer det så småningom av börja flöda ut från dig". Om du är ambitiös kommer du aldrig bli tillräckligt uppfylld för att bli användbar. Men om du bara låter honom älska dig och växer i kärleken, kommer dagen när människor börjar be dig om att dela vad som hänt med dig och vad som pågår i ditt liv. Du kommer att börja dela och när kärleken från Gud flödar över från ditt hjärta kommer människor att bli välsignade.

Fokusera aldrig på det som kommer ut. Fokusera på det som kommer in. Om kärleken fortsätter att fylla dig så kommer den förr eller senare att spilla över. Jag tycker om det Jack Frost brukade säga. Han sa att inflödet från Faderns kärlek bara behövde nå 51% för att gungbrädan skulle tippa över till andra sidan. Du behöver inte vara fylld till 99% för att beröra andra. Det räcker med 51% för att vändpunkten ska nås. Bara njut av att ta emot hans kärlek tills det händer. Faderns kärlek omsluter allt som är kristet. Det är evangeliets substans. En gång i tiden trodde jag att det var en av de stora sanningarna i evangeliet men jag inser nu att *det är* själva evangeliet.

VAD SONSKAP VERKLIGEN INNEBÄR

Sonskap innebär att leva i Faderns fullt uttryckta kärlek. Många människor har gjort sonskap till att innebära något som *vi* måste göra eller en attityd vi behöver ha. Men sonskap innebär att leva i upplevelsen av Faderns kärlek och i en nära relation med honom. Det är den plats där du tar emot och upplever hans kärlek till dig. Vi har vänt det kristna livet till att innebära saker *vi* måste göra. En av de första frågorna som kristna ställer är: " Hur gör jag detta? Hur vandrar jag som en son? Hur lever jag i denna kärlek?" Det är inte vettigt. I familjen är det relationen som är det viktiga. En människa är en son eller en dotter beroende på relationen. Du växer i sonskap, inte genom att ha rätt attityd gentemot Gud utan när du upplever att han älskar dig och *bara genom att du erfar hans kärlek för dig.* Det är när hans kärlek fyller ditt hjärta som du automatiskt mognar.

Kärleken är påtaglig. Kärleken är en substans. Det är en emotionell energi av evighets substans. Den är inget mindre än substansen av Guds liv. Det är en substans som kommer från Guds hjärta och endast från Guds hjärta. Ingen människa kan ge dig Guds kärlek. Denna kärlek bor i själva hjärtat hos Gud. När han fyller ditt hjärta med den kärleken, är det en verklig substans som fyller dig. När den substansen fyller dig, *kommer* du att uppleva att du är älskad. Det handlar inte om att *tro* att han älskar dig utan om att *vara älskad* av honom.

Den substansen kommer automatiskt att förvandla ditt liv och frambringa andens frukt. Den kommer att skapa *sann* kristen karaktär och synas för dem som finns runt dig. Den substansen kommer att göra dig till allt det är meningen en kristen ska vara. I Johannes 1:18 står det:

> *"Ingen har någonsin sett Gud. Den enfödde, som själv är Gud och i Faderns famn, han har gjort honom känd".*

En del människor försöker 'göra Gud känd.' De predikar kristna saker utan att ha upplevt att vara i Faderns famn. När Kristi kropp mognar, kommer dessa tjänster att försvinna.

Jesus levde i Faderns famn. Han erfor ständigt Faderns kärlek till honom personligen. Han gick inte och vidrörde Faderns hjärta en eller två gånger eller någon gång ibland. Han *förblev* där - i Faderns famn.

Hela poängen med Fatherheart Ministries är att lära människor att förbli i upplevelsen av hur substansen av Faderns kärlek flödar från hans hjärta till vårt. Hur mognar man i detta? Du låter dig fyllas mer och mer av Faderns kärlek. Ju mer det sker, desto mer tålamod kommer du att ha och ju vänligare kommer du att bli. Du *kommer* att lägga ner ditt liv för andras skull. Kärleken kommer att fylla dig till den punkt när den flödar över. Då kommer de talanger han gett dig, de gåvor Anden gjort tillgängliga för oss alla och de tjänster Anden ger för att bygga upp Kristi kropp, att flöda med en effekt som vi aldrig tidigare skådat och som verkligen kommer att ära vår Gud och Fader.

Att leva i kärleken

Detta är nyckeln till kristet liv. Om du vill bli kompetenta på något är det detta. *Lär dig att bli en expert på att ta emot substansen av Faderns kärlek som han fyller ditt hjärta med.* Vi citerar ofta den välkända versen: "Den fullkomliga kärleken driver ut fruktan" och vi tror att vi ska oroa oss mindre om vi har tillräcklig tro på att Gud älskar oss. Nej! Låt mig säga dig att när du blir full av kärlekens substans i ditt hjärta, kommer du inte ha *kapacitet* att oroa dig längre. Det kommer vara omöjligt för dig att ens tänka dig vad begreppet fruktan innebär. Detta är sonskap. När vi tar emot och fortsätter att ta emot denna kärlek i våra hjärtan kommer den att förvandla oss till att likna Jesus.

Vi har redan sett ett fantastiskt utflöde av Faderns kärlek men det har bara varit ett litet stänk i jämförelse av vad som kommer. Nöj dig inte förrän Faderns kärlek bor inom dig och förvandlar dig till Jesu avbild. Det är hans kärlek inom dig som förvandlar dig till en kristen.

När vi skrev denna bok, visste vi inte var vi skulle placera detta slutliga kapitel. Vi visste inte om det skulle stå först eller sist. Jag råder dig nu när du har läst hela boken, att gå tillbaka och läsa den igen, då kommer du att förstå den bättre.

Jag tror att vi lever i den tid av upprättelse av evangeliet som Paulus predikade om till galaterna när de trodde på ett annat evangelium, ett evangelium som inte var goda nyheter. Vi lever i en tid när Gud återupprättar det som evangeliet faktiskt är. Vi återupptäcker den urgamla väg som har försummats under århundraden. När vi lär oss att leva i att ständigt erfara Faderns kärlek, äter vi av livets träd och allt som gäller äkta kristendom blir naturligt i våra liv. Jesus gav oss rätten att få uppleva samma frihet som Gud själv upplever. Det är mitt hopp och min bön att denna bok ska leda dig på den

Kapitel sju

urgamla vägen, buren av den dansande Helige Ande och förvandla dig till Jesu avbild i Faderns kärlek.

En inbjudan...

Om du har tyckt om att läsa denna bok, inbjuder vi dig till en Fatherheart Ministries A-skola. Skolan varar en vecka och siktar på att uppenbara vår Faders kärlek för deltagarna.

A-skola har två syften:

1. Att ge dig en möjlighet att få en personlig erfarenhet av den kärlek Gud, din Far, har för dig.
2. Att ge dig den starkast möjliga bibliska förståelse om Faderns plats i den kristnes liv och vandring.

Under tiden på skolan blir du introducerad till helheten av uppenbarelsen om Faderns kärlek. Genom smord insikt och sund bibelundervisning, förmedlad genom dem som betjänar, får du ta del av ett livsförvandlande budskap om kärlek, liv och hopp.

Du kommer att få möjlighet att bli fri från det som hindrar dig att ta emot Faderns kärlek och upptäcka ditt hjärta som en äkta son eller dotter. Jesus hade en sons hjärta inför sin Far. Han levde i närvaron av Faderns kärlek. Johannesevangeliet berättar att allt vad han sa och gjorde var, vad han såg och hörde sin Far göra. Jesus inbjuder oss att komma in i den världen, som bröder och systrar till honom, den förstfödde.

När vi öppnar våra hjärtan, fyller Fadern våra hjärtan med kärlek genom den Helige Ande. I ett hjärta som förvandlas av hans kärlek kan sann och bestående förändring ske. Efter åratal av strävan och prestation, finner många slutligen vägen hem, till en plats av vila och tillhörighet.

För att ansöka till en A-skola gå till "Schools & Events" på
www.fatherheart.net

FATHERHEART MEDIA

www.fatherheart.net/store - New Zealand
www.amazon.com - Paperback & Kindle versions

FATHERHEART MEDIA

PO BOX 1039
Taupo, 3330, New Zealand

Besök oss på
www.fatherheart.net

www.ingramcontent.com/pod-product-compliance
Lightning Source LLC
Chambersburg PA
CBHW070735020526
44118CB00035B/1361